Al lector

Hay momentos en el día que pasan desapercibidos para la mayoría. Instantes en los que el mundo parece igual... pero no lo es.

Entre la luz que se apaga y la sombra que avanza, entre el silencio de la madrugada y el primer latido del amanecer, existen horas que no pertenecen del todo al tiempo ordinario. Son intervalos liminales, espacios donde la conciencia se afina y la realidad se vuelve más permeable.

Este libro no es un simple tratado de magia. Es una invitación a observar el reloj desde otra perspectiva. A comprender que el poder no reside únicamente en lo que haces, sino en el momento exacto en que decides hacerlo.

Aquí descubrirás que cada franja horaria posee una vibración distinta, que la mente se transforma con la noche, que el crepúsculo abre portales simbólicos y que el cuerpo mismo obedece a un ritmo secreto que pocos aprenden a escuchar.

El Reloj de las Brujas no habla solo de sombras; habla de sincronía. No trata únicamente de rituales; trata de conciencia. No busca que creas, sino que observes.

Si has abierto estas páginas, quizá ya intuyes que el tiempo no es lineal ni neutro. Tal vez sientes que hay horas en las que todo fluye... y otras en las que todo se detiene.

Este libro te enseñará a reconocerlas.
Porque el verdadero poder no está en desafiar el tiempo,
sino en aprender a caminar con él.

Omar Hejeile Ch.

AUTOR
Omar Hejeile Ch.

Editorial Wicca, rescata el poder inconmensurable del ser humano y la naturaleza; un poder que todos poseen, sienten, perciben, pero pocos conocen, a través de los textos, programas de radio, se invita sin imponer una verdad o un concepto, para que cada uno que siente el llamado desde su interior, quien descubre la magia de los sueños, y desea obtener el conocimiento, por ende, la transformación de su vida alcance el centro de la

felicidad.

La vieja religión ha renacido...

y está en sus manos.

WICCA
ESCUELA DE MAGIA

La vieja religión basada en el conocimiento mágico, de viejas culturas perdidas en el tiempo, escapadas del mundo de los hiperbóreos renacen como el fénix la armonía del hombre con la naturaleza.

Wicca, vocablo que procede de Wise, Wizard, significa "El oficio de los sabios" "Los artesanos de la sabiduría" Durante milenios de persecución, los documentos antiguos de la vieja religión permanecieron ocultos esperando el momento propicio del renacer, ahora, Wicca, recupera algunos de los viejos conocimientos del influjo lunar, el sol, los grandes Sabbats, el poder secreto de los encantamientos y embrujos, el arte de los sortilegios, el infinito mundo mágico de las plantas, el secreto de las estrellas.

Autor: Omar Hejeile Ch.

Título: El Reloj de las Brujas, Las Horas Secretas del Poder.
ISBN: 978-958-8391-83-0

Sello Editorial: *WICCA S.A.S (978-958-8391)*
ENCICLOPEDIA: *"Universo de la Magia"*
Diseño y Diagramación: Mario Sánchez C.

www.radiokronos.com

El reloj de las brujas y las horas secretas del poder

EL RELOJ DE LAS BRUJAS Y LAS HORAS SECRETAS DEL PODER

La danza mágica de las horas…

Prólogo

“Las horas no pasan: nos atraviesan.”

En el umbral de los tiempos, donde la nada se transforma creando el universo, la luz y la sombra se entrelazan en la danza eterna: la una sigue a la otra… Sin poderse tocar jamás.

Escondidas entre la luz y la oscuridad, las horas eternas, como latidos del corazón cósmico, marcan los tiempos del universo.

La penumbra misteriosa abriga con su manto el mundo oculto que se esconde de lo visible. Se balancea suavemente entre el susurro de la noche y el clamor eterno del día.

La oscuridad mágica y enigmática guarda los arcanos de la existencia, donde nadie los puede hallar, mientras el eterno brillo los busca sin cesar.

En estas páginas vas a encontrar no solo la magia de las horas, sino un espejo que refleja las dos mitades de tu ser: la luz que muestras al mundo, con tu vida y tus actos, y la oscuridad que envuelve tus pensamientos lejos de todos.

Descubrirás los secretos del tiempo, que al igual que tus pensamientos, no son estables, sino un flujo eterno que se balancea mientras duermes o estás despierto.

Vas a ingresar al laberinto de la mente de las viejas brujas, donde guardan celosamente el ritmo incesante del universo y los secretos que duermen en lo profundo del alma.

Vas a ingresar en el misterio sagrado, donde los solsticios son las puertas y los equinoccios los pasajes secretos de la eternidad. Ingresa a las penumbras y descubrirás la luz oculta y sagrada de la magia que ahora vas a develar.

Introducción

"La sombra no oculta: revela."

La sinfonía de la luz y las sombras

En el universo misterioso, la magia y el poder se desatan vibrando en una dualidad eterna: luz y oscuridad.

La luz no es solo el brillo que refleja y destella, ni aquello que ilumina. En la magia, representa el poder visible que se convierte en sabiduría, carisma, magnetismo.

Al tiempo, no existe luz sin sombra, ni esta sin ella. La sombra es un elemento extraño: no tiene luz, pero sin ella no podría existir.

Igual, sin la oscuridad, la luz no existiría. La sombra es lo oculto, opaco y escondido. Es la reserva sagrada del silencio donde se gesta la vida.

En una dicotomía incesante, la sombra y la luz se mezclan, construyendo el tiempo cambiante.

Existen en todos los planos del universo: mente, cuerpo, espíritu. Todo posee en su haz y envés, luz y oscuridad.

Los ciclos humanos están sujetos a la intensidad de la luz y la intensidad de las sombras. El cerebro produce básicamente dos hormonas importantes, regidas por la vibración de la intensidad lumínica:

- A mayor luz, la serotonina aumenta.
- A mayor oscuridad, la melatonina aumenta.

Esto genera los procesos del ritmo circadiano. Cada ser, de acuerdo con la estación en que nace, recibe mayor o menor intensidad de luz o de sombra.

Al tiempo se crea un único reloj biológico, el cual imprime determinados patrones de conducta, dones, cualidades, virtudes o defectos que prevalecerán toda la vida. Aumentan o disminuyen con la intensidad de luz. (*Véase el libro Zodiaco y Destino*)

El reloj biológico

"El cuerpo no solo respira: vibra."

En el mundo de la magia, las brujas y los magos conocían desde antes la influencia de la luz en los ajustes y desajustes del reloj biológico. Al estar sincronizado con las frecuencias de luz y oscuridad, que a su vez regulan los estados de sueño y vigilia, se permite la armonía del ritmo de la vida. (El estado ideal para la realización de rituales)

Factores que alteran el reloj biológico

Alteraciones del ritmo

"La vida se desajusta cuando la sombra no descansa."

Determinadas actividades producen alteraciones en el ritmo de la vida, dando como consecuencia efectos negativos. Se generan patrones de conducta inestables. La mente se transforma, y todos los sistemas rítmicos o cíclicos del cuerpo cambian, afectando la existencia.

Alteraciones del sueño

- Mal genio y pérdida de apetito
- Descontrol mental, falta de concentración
- Mayor tendencia al pánico y la angustia
- Menstruaciones irregulares
- Impotencia sexual
- Pérdida de masa muscular
- Deterioro cognitivo (Parkinson, pérdida de memoria)
- Ritmo cardíaco alterado
- Insomnio
- Problemas urinarios y digestivos

Causas que desajustan el reloj biológico

"Todo lo que perturba el sueño, perturba el alma."

- Problemas afectivos
- Enfermedades
- Preocupaciones sin control
- Ruidos molestos
- Ansiedad y desespero
- Luz artificial
- Falta de radiación solar
- Luz azul de las pantallas

Cambios drásticos en el ciclo del sueño:

- Trabajo por turnos
- Viajes con diferentes horarios
- El ciclo de las estaciones
- Distracciones voluntarias (juegos, televisión, internet, ludopatía)
- Problemas psicosexuales Pensamientos obsesivos (celos, fatalismo, catastrofismo, negatividad)
- Miedo o terror, real o infundado.
- Alteración de la conciencia (sentimientos de culpa) *Véase el libro ¿Qué es lo peor que te puede pasar?*

El listado puede ser extenso. Todo evento que altera la frecuencia normal entre sueño y vigilia desajusta el reloj biológico y los ciclos físicos.

Este desajuste aumenta con el tiempo, conduciendo a enfermedades físicas y mentales, llegando incluso a consecuencias fatales o muerte.

Los procesos de desajuste son lentos al inicio. Con el tiempo se vuelven crónicos, alterando todo el sentido de la vida y corriendo el reloj.

Al alterar los períodos de sueño y vigilia, el cerebro se desestabiliza.

Acostarse cada día más tarde y levantarse más tarde va corriendo el ritmo circadiano.

Trabajar por turnos crea alteraciones del sistema nervioso y puede conducir a la depresión.

Dormir poco impide el reposo necesario para que el reloj se mantenga ajustado.

Cómo sincronizar el reloj biológico

"El cuerpo encuentra su ritmo cuando la luz y la sombra se respetan."

Es importante conocer los ciclos de las horas y las estaciones. De esta forma se inicia un proceso de adaptación.

Es distinta la energía de las horas de luz y la de oscuridad. Al mismo tiempo, las estaciones de luz —primavera y verano— contrastan con las de oscuridad —otoño e invierno—.

El punto más importante son las horas de sueño.

Se debe dormir durante la noche, cuando la ausencia de luz estimula la melatonina, que en sí ayuda a:

- Restaurar el sistema nervioso
- Recuperación muscular
- Tranquilidad mental
- Regulación de los ciclos rítmicos, digestivo, cardíaco, menstrual, etc.
- Sana alimentación

Evitar al máximo consumir alimentos y líquidos después de las siete de la noche, sin importar la estación. Esto permite el descanso del sistema digestivo, que también aporta melatonina como inductor de sueño.

Actividad física matinal

Las horas de la mañana son propicias para el entrenamiento físico, a diferencia de las nocturnas, que producen adrenalina y tensión muscular.

Evitar la luz artificial mientras se duerme.

Dormir con la luz o el televisor encendido altera la producción de melatonina.

Mantener un hábito constante en las horas de sueño.

De ser posible, levantarse todos los días —incluyendo domingos y festivos— a la misma hora.

El promedio de sueño reparador oscila entre 6 y 8 horas, dependiendo de la edad y estado de salud. Es preferible mantener una constante de 7 horas.

* Reconocer la variación de la luz solar según el lugar y la estación
* En verano, usar cortinas oscuras durante los días más largos
* En invierno, utilizar lámparas cálidas de luz suave antes del sueño

Si trasnochas o te acuestas más tarde por trabajo, diversión, estudio u ocio, intenta levantarte al día siguiente a la misma hora de siempre. Aunque te sientas somnoliento y cansado, la próxima noche dormirás profundamente sin alterar tu ciclo normal de sueño.

EREBOQUISTAS Y FRECUENCIAS DE LA SOMBRA

Ritmo solar y percepción nocturna

"La luz revela el mundo. La sombra revela el alma."

El día tiene 24 horas: 12 horas de luz y 12 de oscuridad. En las estaciones de verano se llega a 20 horas de luz al norte del planeta.

En invierno se llega a 20 horas de oscuridad.

Dependiendo del lugar donde resida, deberá reconocer los patrones de luz y oscuridad, así como los de vigilia y sueño.

Los Éreboquistas lo perciben al igual que los animales, un poco más sensibles los nocturnos.

¿Qué es un Éreboquista?

En la antigua cultura griega, los adoradores del Dios Érebo, sacerdotes y sacerdotisas de la noche. Herméticos, misteriosos, poco conocidos, escondidos en las profundidades del Hades, descubrían los secretos de la oscuridad.

Poseen la magia y conocen el lenguaje de la penumbra.

"Aquellos que transitan la oscuridad como camino, no como condena."

No adora la sombra: la escucha.
No teme al abismo: lo habita.
No busca luz: la lleva dentro.

El Éreboquista es heredero del silencio
Primordial, cartógrafo del reverso,
Guardador del tránsito entre mundos.

Su práctica no es religión ni dogma,
sino conjuro, memoria y presencia.

Reconoce que toda luz tiene raíz,
y que toda raíz se hunde en lo invisible.

Camina con los símbolos,
invoca sin ruido,
y transforma la herida en sello.

No se muestra: se manifiesta.
No se impone: vibra.
No se pierde: se disuelve para renacer.

- La sombra es semilla
- El silencio es maestro
- El tránsito es ritual
- La herida es corona
- La memoria es conjuro
- La luz no se busca: se recuerda

Aquel que practica, honra y transita la filosofía de Érebo.

Érebo: Dios primordial de la oscuridad, hijo del Caos. No son simplemente las "**tinieblas**"; es la oscuridad matriz, el espacio anterior a la forma, el velo entre los mundos.

Es el lugar donde la luz se esconde para crecer.
*Es el abismo que no devora, sino que **gesta**.*

Aquel que practica, honra y transita la filosofía de Érebo.

Aquel que sabe leer y escuchar el murmullo de las sombras, reconociendo su existencia y su luz sin brillo, siente, se funde con la oscuridad, siendo uno.

Cada persona en sí es un Éreboquista, de alguna manera, todos sienten una atracción temerosa al mundo de la lobreguez.

Sin embargo, existen algunas personas excéntricas, misteriosas y noctámbulas. Forman parte de un grupo que solo habita en las sombras. Fuera de los lectores de las sombras —Éreboquistas— están los vampiros, brujas y magos, licántropos (solo en las noches de plenilunio) y otros más.

Pero no es como las películas lo muestran. No son monstruos físicos. Son personas que, por la influencia de la oscuridad, transforman su mente, cambian su forma de pensar y actuar, generan procesos increíblemente poderosos.

Aunque interactúan con el mundo, no viven con el mundo. Viven en el amparo de las tinieblas. Mientras la gran mayoría duerme, ellos actúan con las sombras, siendo sombras.

Desde la antigüedad se conocen los extraños seres de las sombras, ermitaños oscuros. De pocos amigos, misteriosos, solitarios, tanto hombres como mujeres que habitan fuera de las aldeas, escondidos en los bosques.

Los noctámbulos

"La noche no transforma: revela."

La historia está llena de extraños sucesos. Gente que cambia y se transforma cuando llega la oscuridad. Otros les temen a las noches, perciben entidades oscuras; unos más disfrutan las tinieblas, donde literalmente viven.

Todo tiene su origen en los ojos y la piel. Por eso ocurren algunas transformaciones. En otras ocasiones, son los causantes de alteraciones mentales, terribles pesadillas, sensaciones de terror y miedo.

Es el peligroso universo del mundo de la oscuridad, donde el espíritu abandona el cuerpo en viajes increíbles a otras dimensiones.

Interconexión y vibración

"Todo está unido por la luz que falta."

Ocurre que, de forma holística, todo está interconectado. Tanto con el mundo exterior como internamente. En otras palabras, somos todo, y todo nos afecta o influye; de igual manera, influimos en todo.

El cuerpo humano no es un conjunto de órganos aislados, sino que estos constituyen un todo. El universo no son planetas y galaxias aisladas: son un sistema.

Con esto en claro, podemos comprender que interactuamos con frecuencias desconocidas que nos afectan. Y todo esto se reduce a luz y oscuridad. Es la esencia de la existencia.

La vida, básicamente, se genera entre las diferentes variaciones del espectro lumínico. Ovulación, fecundación, generación y nacimiento dependen de la intensidad o escasez de luz.

La secuencia de las estaciones se somete a este principio, igual que el día y la noche regulan la producción de hormonas, manteniendo el equilibrio de la vida.

Glándula pineal

"La oscuridad no duerme: despierta."

En todos los seres vivos, incluyendo las plantas, existen receptores que perciben la variación de las frecuencias tanto de luz como de oscuridad.

En el cuerpo humano, a través de los ojos y la piel, se produce algo increíble que estimula los estados de vigilia y sueño.

A manera de información, sin ahondar en el proceso, la luz y la oscuridad actúan sobre todo el organismo, modificando ritmos y alterando conductas y personalidades.

Cuando llega la penumbra, las células conos y bastoncillos, junto con las células ganglionares fotosensibles intrínsecamente **(ipRGC)**, envían una señal al sistema núcleo supraquiasmático **(NSQ)** —que es en sí el reloj biológico del cuerpo— para estimular la glándula pineal, liberando melatonina. Esto ocurre por dos motivos:

En la retina, las células ganglionares fotosensibles (**ipRGC**) captan la variación de la luz y envían la señal al NSQ.

La piel, por ser el órgano más extenso del cuerpo humano, posee receptores (opsinas y rodopsinas) que perciben los cambios de la luz. Si bien la ciencia no los identifica, pero sospecha su existencia, las brujas y los Éreboquistas sí conocen cómo reacciona la piel.

Longitud de onda

"La vibración no se ve: se siente."

Desde la antigüedad, las brujas, magos, filósofos, etc. han hablado de un campo etérico que rodea el cuerpo humano: aura, periespíritu, campo magnético, halo.
Estas radiaciones definieron dos aspectos de acuerdo con su brillo e intensidad. A mayor intensidad: maestros, iluminados, puros, iniciados.

Pero en otros, las energías irradiadas con alteraciones u oscuras definían demonios, seres de la oscuridad, etc.

El aura es visible en los sitios que se encuentran a media luz. Esto aumentó en la antigüedad cuando un orador, bruja o mago, estando al frente de un auditorio, los espectadores podían observar la suave luminiscencia. Fenómeno que se encuentra en las viejas pinturas con el halo sobre la cabeza.

Los Éreboquistas son expertos en percibir las diferentes vibraciones, tanto las que se proyectan como las que se reciben de influjos externos, reconociendo las diferentes sombras que están actuando.

La piel es una antena cósmica, el órgano más extenso del cuerpo humano. Altamente sensible, con un infinito de terminales nerviosos, los cuales perciben las suaves señales de las frecuencias de las sombras. Más allá, también perciben las presencias o entidades desconocidas, produciendo una señal de alerta conocida como piloerección o piel de gallina.

LONGITUD DE ONDA Y RITMOS UNIVERSALES

Frecuencias invisibles

"Todo vibra. Todo influye."

Ocurre ante la presencia de algún tipo de frecuencia: magnética, lumínica, oscura o transferencia mental de energía.

Saliendo del tema del misterio, cada ser posee una longitud de onda única y específica, la cual se irradia de forma constante, aumentando y disminuyendo con las diferentes horas del día o de la noche.

Es una de las razones por las cuales alguien genera una buena o mala impresión, aun sin conocerla o interactuar con ella. De alguna forma, todos poseen las capacidades de los Éreboquistas para percibir ese sutil fluido junto con la frecuencia que se tenga.

Estas percepciones aumentan o disminuyen, al igual que su propio campo de longitud de onda, haciendo a la persona más o menos vulnerable a las influencias de otras sombras.

Un individuo enamorado irradia una intensidad de onda de luz que se transmite junto con su estado mental y físico. Quien vive un duelo transmite ese estado de desolación.

Quienes se acercan perciben cualquiera de las vibraciones que se transfieren. Aún los objetos poseen las mismas cualidades: talismanes, amuletos u objetos malditos y embrujados.

Ahora, tanto la luz como la oscuridad influyen sobre las emociones, estados de ánimo, temperamento, salud, éxito, fracaso, etc.

No solo de los demás, sino también de los lugares, dependiendo de la longitud de onda que estos posean.

Fases lunares y poder oculto

"*La luna no solo alumbra: transforma.*"

Retomando las fases lunares y las sombras, durante el mes lunar o sinódico, cada tres días y medio se produce una variación de luz lunar. Esta afecta la glándula pineal, generando procesos de mayor o menor producción de hormonas que, a su vez, afectan la vida.

Las brujas y los magos, conocedores de estas influencias, las usaron para modificar los destinos, tanto para construir como para destruir.

De igual forma, los Éreboquistas conocen las horas sagradas donde la oscuridad entrega la totalidad de su poder.

Es así como se logra modificar la penumbra, permitiendo la aparición de las legiones de las sombras que llegan a enloquecer o a inspirar. Es de recordar que, dentro de la oscuridad, el mundo misterioso no es bueno ni malo.

Las diferentes horas del día y la noche producen variaciones de onda. Su estado emocional y hormonal está sujeto a la intensidad de luz. De esta forma, los estados mentales cambian.

Evento que pasa desapercibido si no se conoce y se comprende.

Los estados mentales

"La mente desajustada corre fuera de su tiempo."

Uno de los eventos que más alteran el reloj biológico es la ansiedad, la angustia, el pánico y la desesperación, sin importar el motivo por el cual se produzcan.

Al alterarse mentalmente, el cerebro produce una sobrecarga de cortisol (hormona del estrés), lo que reduce los niveles de melatonina (hormona del sueño).

La mente entra en conflicto entre el estado de vigilia angustiante y el deseo de dormir. Como resultado, se produce un insomnio prolongado, desajustando el reloj al tiempo con los ciclos biológicos.

Aprender a controlar la ansiedad y los pensamientos permite los ajustes necesarios.

Ritmos universales y magia

"El universo respira entre luz y sombra."

En todo el universo se producen ciclos donde la luz y la oscuridad interactúan para sostener la vida. Estos procesos han sido durante largo tiempo difíciles de apreciar desde la óptica humana.

Pero sí los más cercanos: sol y luna. Influyen en la existencia, los ciclos, la transformación, la fertilidad, las épocas de siembra, cultivo y cosecha.

Rigen los estados de sueño y vigilia, al igual que producen la energía de la vida. Todos los seres vivos, en cualquiera de sus representaciones, están sujetos a los ritmos entre luz y oscuridad.

Estos procesos influyen sobre la temperatura, los vientos, las mareas, generan procesos químicos, transforman el material orgánico en un infinito de opciones cíclicas.

El sol y la rueda del año

"*La luz no solo crea: ordena.*"

La rotación de la Tierra en torno al sol produce las estaciones, el ritmo incesante del tiempo. Cada estación genera un proceso único y específico en el sostenimiento de la vida, así como en el equilibrio ecológico, dependiendo de la intensidad de la luz solar.

Uno de sus efectos consiste en la fotosíntesis, que sustenta la vida vegetal y, por ende, toda la cadena alimenticia.

En la antigua religión, en tiempos donde la memoria no llega, los aborígenes reconocieron estos cambios aplicados a la agricultura, la caza, la migración y la sobrevivencia.

Más adelante, la cultura celta —de donde nace la vieja religión o magia— los definió como los 8 Sabbats o "***Rueda del Año***".

Rueda del año y ciclos de transformación

Calendario celta y estaciones

"La luz y la sombra no se oponen: se suceden."

La secuencia de cambio en la naturaleza, entre los meses de luz y oscuridad, llevó a definir el ciclo en tres momentos: inicio de la estación, estación y fin de la estación.

Para los celtas (y es así de forma natural), el año agrícola comienza con el inicio del invierno, y luego sigue la secuencia de las estaciones.

La secuencia de las estaciones es contraria en los dos hemisferios. Así, los Sabbats corresponden de la misma forma en diferentes fechas de calendario, pero en igual o similar estación.

Para el hemisferio norte

Samhain: 31 de octubre
Yule: 21 de diciembre (Solsticio de invierno)
Imbolc: 1 de febrero
Ostara: 21 de marzo (Equinoccio de primavera)

Beltane: 1 de mayo
Litha: 21 de junio (Solsticio de verano)
Lammas / Lughnasadh: 1 de agosto
Mabon: 21 de septiembre (Equinoccio de otoño)

Para el hemisferio sur

Samhain: 30 de abril
Yule: 21 de junio (Solsticio de Invierno)
Imbolc: 1 de agosto
Ostara: 21 de septiembre
Beltane: 31 de octubre
Litha: 21 de diciembre (Solsticio de verano)
Lammas / Lughnasadh: 1 de febrero
Mabon: 21 de marzo

La secuencia de las estaciones mantiene el flujo y reflujo de la existencia. Influye directamente sobre los estados emocionales. Esto genera diferentes personalidades y formas de actuar. *Véase Zodiaco y Destino.*

En la magia, estas fechas de gran poder cósmico son utilizadas en los grandes rituales de poder. Fechas especiales que —por sus características de influencia— permiten transformar los destinos. (*Véase Rituales Secretos de Magia*)

Puntos de transición energética

"El tiempo no avanza: pulsa."

Punto vernal de Aries

El 21 de marzo, en el equinoccio de primavera, se inician los seis meses de luz. Este punto es de vital importancia (Ostara) en el cambio de energías. Al aumentar la serotonina, se dinamiza la mente, se atrae la suerte, la abundancia y el bienestar.

Punto vernal de Libra

Cerca del 21 de septiembre, durante el equinoccio de otoño (Mabon), se da comienzo a los seis meses de oscuridad. Época de recogimiento, momento de siembra, construcción y planeación. La melatonina aumenta, induciendo estados de relajación. La mente, más perceptiva, crea y genera los procesos futuros.

De esta forma, la luz y la oscuridad se funden en las secuencias constantes e interminables de las estaciones.

Cada segundo del año, las energías de naturaleza, luz y sombra van generando cambios energéticos que influyen sobre la mente, la vida, atraen y alejan.

Al conocer los ciclos del cambio entre luz y oscuridad, se realizan los rituales que permiten utilizar estas energías.

Cada estación posee una fuerza especial: siembra en el otoño, generación de la vida en el invierno, cosecha en la primavera, purificación en el verano.

Al contemplar los diferentes eventos que se producen en los momentos específicos, se obtiene la misma energía. Canalizando los pensamientos, se logra materializar los deseos.

Sinfonía de la vida

Invierno

"La oscuridad no detiene la vida: la gesta."

La secuencia se inicia con el invierno. Época donde la vida pareciera detenerse, pero es donde existe el mayor trabajo: la gestación.

Todo se está germinando. Árboles que han perdido el follaje, animales invernando. En el mar, el plancton —alimento primario de los océanos— se renueva.

La nieve y el hielo, como una manta de protección, cuidan la existencia que crece en el silencio de la oscuridad. Días cortos con noches largas. Las sombras y seres de la oscuridad cuidan de la naturaleza. Es la época donde los vampiros, Nosferatus, sombras, entes y espectros deambulan, protegiendo, transformando, cuidando.

Quien conoce la forma de invocarlos, atrae a su vida el poder de la gestación y los secretos de la magia de la abundancia.

En el invierno, la vida en las sombras es frenética. Es el punto de mayor generación de la existencia. Utilizar esta energía mágica y poderosa en beneficio permite el progreso y el avance.

Lamentablemente, por los dogmas y creencias, se han olvidado los rituales de poder, abandonando la fuerza creadora de esta temporada.

El proceso va transformándose. El tiempo pasa. La preñez llega a su punto culminante en el tránsito entre el invierno y el inicio de la primavera, abriendo las puertas a la nueva vida.

Primavera

"*La luz no solo revela: fecunda.*"

La noche cede ante la luz. El sol inicia su viaje al norte en la búsqueda del nuevo amanecer. La vida va emergiendo con el paso de los días. Todo reverdece, se renueva. La abundancia de las nuevas cosechas transforma el blanco paisaje en un valle colorido, tachonado de mariposas que revolotean sobre las flores recién abiertas.

La primavera trae consigo un evento cruel y salvaje. Todas las hembras buscan el alimento para sus crías. La magia de la vida toma el control. La abundancia es exponencial. Pero de igual forma, las matanzas son similares.

El control natural de las especies. Al tiempo que alimentan a unos, se mantiene el equilibrio en el sistema. La guerra por la supervivencia. De cada diez nacimientos, solo sobreviven dos. Las demás son alimento de otras especies.

Así, la primavera posee dos fuerzas al tiempo: vida y muerte. Aprender a manejar las energías primaverales a través de los diferentes rituales otorga un gran poder a quien los realiza.

Los cascarones abandonados que antes albergaban la vida poseen la fuerza de la creación: nidos abandonados, cáscaras, placentas, ninfas, etc.

Por la ley de la atracción de lo semejante, las brujas en la antigüedad utilizaban los "úteros" vacíos luego de parir para canalizar esas energías de vida en ungüentos, pociones y filtros de abundancia.

Es la estación de mayor poder y fuerza en cuanto a la atracción de la suerte y la abundancia. Dos energías que forman parte sustancial del progreso, éxito, bienestar y alcance de logros.

De hecho, las grandes empresas internacionales, durante la primavera, lanzan sus nuevos productos. La magia está implícita en todo.

El final de la primavera, luego del control de las especies, tiende a armonizar, dando paso al verano.

Verano

"*El fuego no solo destruye: purifica.*"

Una estación donde se funde de forma profunda la secuencia entre la vida y la muerte. Después de las cosechas y la abundancia, los primeros días del verano son plenos de bienestar.

Un oasis en el año solar. Días largos con noches cortas. Cielos despejados. El brillo intenso de la naturaleza entrega la energía del bienestar y el regocijo.

Las crías, ya grandes, descubren el territorio. La calma temporal de un estado pletórico de vida guarda los eventos terribles que sobrevendrán.
Llegado el solsticio de verano, el día más largo y la noche más corta, todo se transforma.

El intenso calor consume la hojarasca dejada por la cosecha. Los charcos y los ríos se secan. La escasez inicia su macabra aparición.

La naturaleza envía un duro y cruel mensaje:

"Solo los *fuertes sobrevivirán*. Los débiles *morirán*."

Final del verano

"El *fuego no solo destruye: revela lo que debe renacer*."

El final del verano, otro momento terrible. Las migraciones son extensas en búsqueda de alimento y agua. La abundancia primaveral ya no existe. Árboles sin frutos, los animales se han reducido. Los viejos mueren, los débiles mueren. Los incendios forestales transforman el paisaje en un infierno interminable. Otra matanza despiadada.

La lucha por el alimento es una batalla sin cuartel. De alguna forma, la sabia naturaleza filtra lo débil de lo fuerte. Solo los mejores tendrán la oportunidad de gestar la nueva vida.

El verano, en su dualidad terrible —vida y muerte, luz y oscuridad—, anuncia que el invierno lejano asoma en el horizonte.

Las migraciones de las especies son ese llamado a iniciar las grandes marchas, el viaje interminable de los ciclos de la vida.

En el mundo de la magia, el poder del fuego es la representación constante de la purificación. La máxima energía que transmuta lo no deseable en lo valioso.

Quien aprende a manejar las sutiles energías logra el control y el dominio. Las semillas valiosas son conservadas a pesar del fuego calcinante.

El final del verano desata las peores fuerzas: la sequía acompañada del intenso calor, el fuego que convierte en cenizas lo que otrora fue la belleza primaveral. La muerte aparece por todos lados. Los carroñeros se dan un festín con los restos.

El verano avanza. Las primeras brisas del otoño aparecen. Los cielos se nublan. Negros nubarrones surgen como una broma macabra. Ni una gota de agua cae sobre la tierra. El calor abrasador termina su fatídica tarea. Las cenizas se amontonan igual que los muertos.

Y cuando se espera un remanso de paz… la tierra abre la puerta a otra lucha más intensa: la supervivencia otoñal.

Otoño

"La oscuridad no es final: es preparación."

El sol se apaga en su viaje al sur, donde la oscuridad emergerá de las tinieblas. Los vientos soplan como brisas fugaces, mientras los machos y las hembras inician la preparación para la gestación.

A los astados como el ciervo, la naturaleza los dota de fuertes armas. La testosterona aumenta en la medida en que las hembras (escasas) entran en celo.

Los días más cortos, las noches más largas. El viento lleva las hojas secas y los árboles se desnudan. Los valles antes llenos de vida ahora son lugares secos consumidos por las llamas.

El cielo truena. Las suaves brisas se convierten en oscuros huracanes. Tormentas implacables se precipitan, limpiando la tierra. Preparándola para la gestación de la vida.

Toda la existencia se preña de vida. La guerra entre los machos es a muerte. Solo el más fuerte continuará dejando sus genes para las nuevas generaciones.

Las hembras quedan preñadas. Los machos vencidos mueren o abandonan la manada. Las flores son polinizadas mientras la noche llega.

Luego del combate del amor, días incesantes. El final del otoño es cruel y difícil, la última prueba de resiliencia y lucha. No hay alimento, no hay abundancia, pero se debe buscar comida para prepararse para el frío, largo y oscuro invierno.

Las migraciones pierden la mitad de su especie. Las mariposas y aves desaparecen mientras las sombras de la noche despiertan. Un espectáculo lúgubre pero profundamente majestuoso.

La energía de la vida se extrapola con las acciones humanas. Las brujas y los magos, conocedores de estas poderosas cualidades del otoño, siembran los proyectos hacia el futuro. Las grandes empresas programan el presupuesto, proyectan el crecimiento, inician los procesos para gestar en el invierno y nacer con la primavera.

La sinfonía de la vida es un ciclo constante atrapado entre la luz y la oscuridad. Un suave balance eterno. La energía que todos pueden obtener y aplicar en sus vidas, a condición de estar en armonía con la naturaleza.

El ciclo vuelve a comenzar cuando la luz se marcha, dando paso a la oscuridad creadora.

Las sombras y su lenguaje

El origen de la sombra

"*La luz no desaparece: se transforma en mensaje.*"

La luz es una fuente inagotable. No varía en su esencia, pero sí en su resplandor y frecuencia.

La intensidad lumínica se ve afectada por patrones externos que la eclipsan, limitan, oscurecen o la anulan.

Puede desaparecer o extinguirse, pero la luz produce un fenómeno increíblemente poderoso: la sombra.

Un objeto que eclipsa la luz genera como respuesta la sombra. Un contorno que pertenece al mundo bidimensional (ancho y alto sin profundidad).
El poderoso y desconocido mundo de las sombras existe porque algo intensamente profundo eclipsa la luz, permitiendo la existencia de los seres de la oscuridad, noctámbulos y misteriosos.

Nadie conoce cuál es la luz que se esconde detrás del mundo de las sombras, como tampoco se comprende qué la eclipsa para que ese mundo exista.

Pero sí hay formas de comprender lo que las sombras esconden. La formación de la sombra tiene seis partes: tres de inicio, plenitud y tres del final.

Sin una fuente de luz, la sombra no existiría. Se debe aclarar: en el mundo de la magia, la luz también simboliza el poder de la intención o sentimiento, que en sí es el poder de la bruja o el mago. La fuerza total de la magia no está en la mente: se encuentra en la emoción y el corazón. Es otra fuente de la luz del poder.

Y esta también es afectada por los mismos principios. Cuando "algo" eclipsa la emoción, las sensaciones y el deseo, se bloquea la mente y la fuerza interior.

La luz tiene variadas representaciones: fuerza lumínica, magnetismo, carisma, poder, energía, intención, grandeza, atractivo, etc.

Todas estas variaciones pueden ser opacadas por diferentes sucesos. Es así como nacen las sombras, no solo en aspecto físico, sino también mental, espiritual y emocional.

La magia posee el poder tanto para crear un bloqueo de la luz generando una sombra, como para "iluminar" y desvanecerlas.

Estados de la sombra

"La sombra no es ausencia: es señal."

Conocer las divisiones de la sombra es importante para saber en qué estado se encuentra: si es sombra creciente, sombra plena o sombra menguante.

En otras palabras: el inicio de la opacidad, la opacidad total o el fin del bloqueo.

Este apartado es de vital importancia en el conocimiento de las horas mágicas y cómo se realizan los rituales dependiendo de la luz y las sombras.

Así como comprender que las sombras aparecen en todos los eventos de la vida: trabajo, amor, progreso, salud, bienestar, riqueza, anhelos y deseos.

En el campo de la magia, realizar un determinado ritual es crear una sombra que opaque una determinada luz.

Ejemplo: Una persona es feliz, ama y es amada. Pero alguien que siente celos, mediante un ritual, genera una sombra que opaca el amor de uno de los dos. Esto termina por crear el inicio de la oscuridad y el fin del sentimiento.

Pero si se está atento a las señales, la sombra inicial —antes de la opacidad— se detecta por los cambios que produce. Se impide su avance aumentando la luz.

Es de recordar que todas las sombras se desvanecen ante la presencia de la luz.

División mágica de la sombra

"Comprender la sombra es dominar el eclipse."

Para establecer un patrón que identifique el proceso y la forma en que se presenta la sombra, se deben conocer sus divisiones.

Esta secuencia deberá tenerse presente para comprender este tratado de magia, así como los rituales y el estudio, interpretación e interacción con las sombras.

Tomando los términos clave de la sombra usados dentro de los eclipses, este evento nos permitirá comprender en profundidad la secuencia.

Toda sombra nace en el momento en que algo interfiere con la fuente de luz, sea físico, mental o espiritual.

Posee seis partes que se deben tener presentes. Estas se dividen en dos: inicio y final, o sombra creciente y menguante. Cada una tiene tres divisiones: sombra de inicio, sombra plena y sombra menguante.

Se denomina:
Penumbra o sombra creciente

Es el inicio de la aparición. Un momento especial donde existe una suave opacidad. No hay oscuridad ni luz. Solo un balance temporal. Se conoce como penumbra creciente, crepúsculo, media luz, luz de los enamorados, suave luz.

Divisiones de la sombra

Lobreguez

"La sombra se espesa cuando la emoción se eclipsa."

Este punto de la sombra da paso a la lobreguez. Término con el cual las brujas y los magos identifican la presencia de la oscuridad más intensa que la penumbra.

Antumbra

"La luz rodea lo que no puede tocar."

Es la extraña región donde el bloqueo aparece en el centro de la luz (mental, física o espiritual).

En magia se denomina: ***—halo de sombra—***, anillo negro, destellos de la oscuridad, poder oscuro, lobo negro, el cuervo, etc.

Quien observa el fenómeno puede ver la luz alrededor de lo que la eclipsa. En magia se pueden revelar siluetas de espectros, fantasmas, ectoplasmas, brujerías. La sombra está en el centro sin que haya una totalidad. Solo se aprecia el resplandor rodeando la silueta.

Este fenómeno se produce cuando la sombra ocupa ya el centro de la luz, luego de la penumbra y la lobreguez.

En la magia, la visión de campo de energía o aura permite apreciar con mayor facilidad la vibración del ente que está eclipsando la energía de un individuo.

Igual ocurre con los lugares, objetos, personas, animales, etc. A pesar de verlos, resalta un "algo" que los torna oscuros, tristes, lúgubres y marchitados. Al intensificarse la sombra, se entra en el punto más alto de la aparición.

Umbra

"*La luz se ha eclipsado. Solo queda lo tenebroso.*"

El momento más denso y oscuro de la sombra. La luz ha desaparecido. Es la oscuridad total.

Es el punto más alto de la aparición. Lo ha oscurecido todo. No hay rastros de la luz, la cual se ha eclipsado en su totalidad.

Solo se aprecia la negrura absoluta.

Este fenómeno también se conoce como sombra absoluta, plenitud de la posesión, oscuridad, lo tenebroso, la hora de Arddu (los arcanos de lo oculto y misterioso).

Arddu
El que oscurece todo
Entidad del Eclipse Absoluto

Arddu no nació. Arddu apareció.
No tiene rostro, ni linaje, ni templo.

Es el momento en que la luz se eclipsa por completo, y el alma queda sola frente a lo que no puede nombrar.

Arddu no es dios ni demonio.
Es el fenómeno que ocurre cuando
la conciencia se retira,

cuando el juicio se disuelve,
cuando el espejo deja de reflejar.
Su presencia no se invoca: se atraviesa.
Su hora no se marca: se siente.
Su sello no protege: revela.

Mito del descenso

Se dice que Arddu fue lo primero que vio el alma antes de nacer,
y lo último que verá antes de disolverse.
No habla. No toca. No guía.
Solo oscurece, para que el núcleo se manifieste.

En la Hora de Arddu,
los símbolos tiemblan,
los rituales se suspenden,
y el Éreboquista debe dejar
de actuar para simplemente ser.

Arddu
La hora de la sombra absoluta

Arddu no es un ser, ni un dios, ni un demonio.
Es un estado del mundo, un momento del alma, una frecuencia del abismo. Es la hora en que la luz ha sido eclipsada por completo. No hay reflejo, no hay guía, no hay consuelo. Solo queda lo tenebroso, lo no nombrado, lo poseído.

Arddu es:

- La sombra absoluta
- La plenitud de la posesión
- El punto más alto de la aparición
- El eclipse total del alma
- El umbral donde los arcanos se revelan sin forma

Principios de la hora de arduu

- Lo visible se ha devorado
- La conciencia se disuelve
- El juicio no existe: solo presencia
- La memoria se vuelve símbolo
- El alma no actúa: es atravesada

Ritual de arddu la sombra

Solo se realiza en la hora más oscura del ciclo lunar.

- Apaga toda luz.
- Cubre los espejos.
- Coloca una piedra negra sobre el pecho.
- No invoques: escucha.
- No actúes: permite.
- No protejas: entrégate.

Di:

"Que Arddu me atraviese.

Que la sombra absoluta me revele.

Que lo tenebroso no me devore, sino me nombre."

Arddu como arquetipo

Puedes representarlo como:

- Un eclipse total
- Un rostro sin rasgos
- Un sello negro con espiral invertida
- Un reloj sin manecillas
- Un espejo que no refleja

Tinieblas

"El portal se abre. Nadie sabe qué cruza."

Durante el tiempo que demora la sombra o la umbra, se presenta el evento más temido en el mundo del ocultismo y la magia. Un momento terrible donde las puertas al inframundo y la oscuridad total se abren.

Aun las brujas y los magos más versados sienten aprensión cuando esto sucede. Puede aparecer de repente, estar plasmado en un cuadro o lienzo, un eco en la energía de una persona. Se visualiza a través de los espejos que lo reflejan. Es la puerta del terror y lo desconocido.

Este fenómeno altera el espacio-tiempo. Abre la puerta a múltiples y desconocidas dimensiones. Es uno de los eventos mágicos más terribles. Nadie puede saber qué venga por ese hoyo negro o qué se vaya por él.

Abandono de la sombra

"*La luz regresa solo si el portal no se ha abierto.*"

Al aumentar la luz, la sombra inicia el mismo proceso de forma inversa, solo si las tinieblas no han existido. De lo contrario, el proceso es difícil y arriesgado de realizar. Donde hay tinieblas, el portal está abierto, muy difícil de cerrar. Si las tinieblas no existen, se producen los siguientes eventos:

Sombra de umbra menguante

La totalidad de la oscuridad comienza a desvanecerse. Lentamente, la luz aumenta, despejando el centro oscurecido. Los procesos cambian y se sienten.

Sombra antumbra menguante

La sombra es coronada por la luz que la desplaza. Lentamente va haciéndose más intensa. El centro oscuro pierde su poder. En los eventos de infestación de energías, es el momento cuando la sombra ocupa el centro, pero sin intensidad. Se percibe translúcida, con aureolas más intensas de luz.

Lobreguez menguante

La sombra se retira. La oscuridad pierde su densidad. Las sensaciones cambian. La armonía se inicia. El proceso es regresivo por el aumento de la luz.

Penumbra o sombra menguante

La oscuridad se desvanece. La luz se irradia con más fuerza. Nuevamente ocurre: la penumbra menguante, crepúsculo, media luz, luz de los enamorados, suave luz.

La sombra desaparece, dando lugar a la intensidad.

Las tinieblas
El vértice del velo

Entidad del Misterio y la Disolución
Las Tinieblas no son el mal.
No son castigo, ni error, ni ausencia.
Son el espacio donde la forma se retira,
donde el símbolo se disuelve,
donde el alma se enfrenta a lo que aún no se ha nombrado.
Las Tinieblas no ciegan: protegen.
No amenazan: preparan.

No destruyen: transforman.

Son el útero del misterio,
el silencio que precede al conjuro,
el abismo que no devora, sino gesta.

Mito del vértice

Se dice que antes de la primera palabra,
las Tinieblas ya escuchaban.
Que antes del primer dios,
las Tinieblas ya vibraban.

Todo lo que existe ha pasado por ellas.
Toda luz ha sido sombra.
Todo símbolo ha sido silencio.
Las Tinieblas no tienen rostro,
pero tienen memoria.
No tienen voz,
pero tienen eco.

Principios de las tinieblas

- Lo oculto no es enemigo: es raíz
- Lo invisible no es vacío: es tránsito

* Lo tenebroso no es maldad: es potencia
* Lo que no se ve, sostiene lo que brilla
* Lo que no se nombra, guarda lo sagrado

Ritual de las tinieblas

Solo se realiza en el momento de eclipse interior.

* Cierra los ojos frente a una vela apagada
* Coloca una piedra negra sobre la lengua
* Escucha sin buscar
* Respira sin pedir
* Deja que el velo te envuelva

Di:

“Que las Tinieblas me guarden.
Que el misterio me atraviese.
Que lo que no se ve, me revele lo que soy.”

El poder de las sombras

"La luz como las luciérnagas necesitan de las sombras para existir"

"La sombra no niega la luz: la revela."

La sombra es un poder similar al de la luz. La luz no la destruye, la moldea. No la apaga, la revela. Ambas son en esencia iguales y se necesitan para existir.

La percepción ocultista es el arte de balancearse suavemente entre la luz y la oscuridad. Érebo quia.

Las sombras son complemento, no maldad.

"La oscuridad no oculta la verdad: la transforma."

La luz en su intensidad revela lo evidente, muestra lo que existe, refleja la realidad tal y como es. Se irradia en su plenitud. Pero necesita de la oscuridad para poder existir. Sin las profundas tinieblas, no habría luz.

No puedes contemplar el brillo de los más hermosos luceros si la noche no es suficientemente oscura.

La luz resplandece en su hermosura. Muestra los mustios encantos de la existencia cuando van muriendo con el tiempo. También revela los momentos del florecimiento y la renovación.

Muestra la vida en su agonía y en su esplendor. Pero no muestra la magia creadora de la transformación.

Ese arcano celosamente guardado y reservado está en el reino de las sombras. No se puede ver, no se revela. Es el vientre misterioso del útero de la tierra donde, en la densa penumbra, la vida toma vida… y la muerte se transforma.

Solo los sensibles, aquellos que como vampiros se alejan de la luz, descubren la belleza misteriosa de la oscuridad. El manto oscuro que oculta los secretos de la intensidad.

Aquellos que navegan las noches, los Erebitas —los que conocen los secretos de la oscuridad y las sombras— descubren el poder que yace en ellas.

Las densas tinieblas no son destructivas ni malévolas. Son cortinas que no revelan fácilmente lo existente, obligando a escudriñar, adentrarse en las profundidades donde la luz no llega.

La creación, la transformación, la mutación de la existencia, el poder primigenio de la vida, la fuerza misteriosa de la magia y lo más abisal de la sabiduría se encuentran refugiados y protegidos en las perennes sombras.

La calígine es la densa sombra que toma forma bajo la luz. Son los seres de la oscuridad que deambulan bajo el día.

En la mente, el refugio de las sombras, habitan los deseos y secretos. Esos pensamientos de libertad que se llevan dentro sin poderlos liberar.

Son la esencia de la existencia. El anhelo silencioso que no se puede publicar. La ilusión prohibida (no mala) que se conserva en el alma esperando algún día poder alcanzarla.

En la magia, es el poder excéntrico de los secretos sagrados. La fuerza de un conjuro. El poder de un hechizo. La sutileza del encantamiento. La misteriosa y terrible condena de un embrujo.

Las sombras no son malas, tampoco son buenas. Son las hermanas gemelas: la penumbra y el fulgor, que tomadas de las manos caminan sin tregua hacia la eternidad.

La sombra
El reflejo que no miente

Entidad del Reverso y la Verdad Oculta
La Sombra no es lo que se esconde.
Es lo que espera verse sin juicio.
No es el enemigo de la luz,
sino su espejo más honesto.

La Sombra no ataca: recuerda.
No distorsiona: revela.
No divide: integra.

Es el contorno de lo que fuiste,
el eco de lo que negaste,
el guardián de lo que aún no has abrazado.

Mito del reflejo

Se dice que la Sombra fue la primera en ver al alma, antes de que la luz la tocara.
Que cada herida que no se nombra,
se convierte en sombra que guía desde el reverso.

La Sombra no tiene forma fija,
porque adopta la que tú rechazas.
No tiene voz propia,
porque repite la que tú callaste.

Principios de la sombra

* Lo negado no desaparece: se transforma
* Lo oculto no es débil: es raíz
* Lo que duele no traiciona: revela
* Lo que se teme no destruye: enseña
* Lo que se integra, libera

Ritual de la sombra

Solo se realiza en momentos de introspección profunda.

* Coloca un espejo frente a ti, cubierto con tela negra
* Enciende una vela detrás del espejo, no frente a él
* Escribe en tu piel (con carbón o tinta) la palabra que más temes
* Respira sin mirar
* Escucha sin responder
* Nombra sin justificar

Di:

"Que la Sombra me devuelva lo que negué.
Que el reflejo no mienta.
Que lo que fui, lo que soy y lo que temo,
caminen juntos en mí."

Oscuridad
El reposo en la oscuridad
"La noche no apaga la vida: la regenera."

La noche no es lo opuesto al día. Es la continuidad del tiempo. Inicia y termina con las horas crepusculares.

Es cuando tu ser interior o tu reloj biológico se deja llevar a las profundidades del descanso, donde los Oniros despiertan llevándote al mundo de los sueños.

Todos los animales, vegetales y seres vivos —excepto los noctámbulos— encuentran el descanso en las densas noches.

La noche, y el sueño, hermano gemelo de la muerte —dos dioses: Tánatos e Hipnos— le dan al espíritu el remanso temporal cuando navega las sombras de los sueños.

La naturaleza se regenera en la oscuridad donde se teje la existencia. Es la aliada que calma el alma, apacigua la mente, es el bálsamo que alivia el dolor y las penas.

La noche: el refugio de los amantes que la buscan para liberar sus más profundos deseos.

Es durante la noche que tu espíritu se fuga a otros mundos. Donde lo irreal y lo fantástico se vuelven realidad en el mundo de los sueños. Donde descubres las páginas amarillentas de libros mágicos que nunca podrás leer en la luz.

En el infinito mundo de la magia, la noche es el taller de la bruja y el mago. Donde, en el silencio y en compañía de los búhos y murciélagos, trabajan creando su obra de poder.

Sin la noche, nada podría existir… ni siquiera la lumbre podría brillar. ¡Descubre el poder de la noche!

La dualidad del poder

"La luz y la sombra no luchan: se equilibran."

No existe una lucha entre la luz y la oscuridad. Se complementan. La luz revela, las sombras ocultan.

Sin la una no existe la otra. Las secuencias entre ambas marcan el ciclo continuo e interminable.

La dualidad luz y sombra permite el equilibrio de las fuerzas sobre las que se sostiene el universo. Un principio que ha existido en todas las filosofías del mundo: el yin y el yang, la polaridad de la filosofía hermética, el Duat o inframundo sagrado de los egipcios, el conflicto del Olimpo entre el dios Zeus (la luz) y el dios Hades (la oscuridad).

Aun el bien y el mal, los dos extremos, o la dualidad de la libertad, obedecen al mismo principio.

Vida y muerte, amor y odio, éxito y fracaso. La oscuridad en sí es el poder creador. La luz es lo activador. La oscuridad es lo generador.

Fecundación y gestación se funden en la luz y la oscuridad. De forma similar, el día y la noche, o las estaciones: verano y otoño fecundan; invierno y primavera gestan.

En el mundo de la magia, el trabajo de los Erebitas, brujas y magos consiste en mantener el equilibrio de las energías.

Recordando que la magia como tal no es buena ni mala: obedece a la intención.

De igual forma, en la vida, los diferentes estados emocionales alteran esta dualidad. Actos en la luz pueden esconder en las sombras oscuros deseos.

Al contrario: profundos deseos reprimidos fluyen hacia la luz, que es lo visible e identificable.

Las sombras o la oscuridad se convierten en inspiración, soledad, creación, sufrimiento. Gestan las emociones que al final se vuelven visibles.

No existe la totalidad. Nada es totalmente oscuro, como tampoco lo es lo lumínico.

Lo que sí ocurre es el tiempo en que se permanece en uno de los dos extremos. La luz intensa termina por cegar. La oscuridad constante anula la existencia.

El conflicto entre las dos fuerzas nace del pensamiento. La lucha interna que cada cual vive en su interior. Es allí donde nacen las luchas que se proyectan al exterior.

Al comprender la magnificencia del brillo, en sus dos aspectos o vibraciones, se logra utilizarlos a favor y no en contra.

La existencia, en su profunda esencia misteriosa y desconocida, balancea los ciclos eternos entre luz y oscuridad.

En todo están representados: el poder celestial y el inframundo.

De forma similar, en todas las filosofías, religiones y culturas, el principio es el mismo: luz y oscuridad. En la Érebo quia, se alinea con el principio fundamental de la existencia.

Dualidad
El instante que no se nombra

Tránsito entre lo visible y lo velado

La dualidad no es conflicto.

Es danza.

Es el instante en que la luz no brilla, pero tampoco se ha ido.

Es la sombra que no oculta, pero tampoco revela.

Las horas crepusculares —matutinas y vespertinas— no pertenecen al día ni a la noche.

Son umbral, respiración, eco.

No están. No son.

Se funden.

Mito del crepúsculo

Se dice que el alma nació en una hora crepuscular.

Ni en la luz del mediodía, ni en la sombra de la medianoche.

Sino en ese instante donde todo se mezcla, y el mundo se vuelve espejo líquido.

En ese momento,

el juicio se suspende,

la forma se disuelve,

y el alma recuerda que es ambas cosas:

claridad y misterio.

Principios de la dualidad

La luz no es opuesta a la sombra: es su reflejo

Lo que brilla también oculta

Lo que oscurece también revela

El tránsito no divide: une

El alma no elige: respira ambas

Ritual crepuscular

Solo se realiza en la primera hora del alba o la última del ocaso.

* Coloca dos velas: una blanca, una negra
* Enciende ambas al mismo tiempo, sin jerarquía
* Siéntate entre ellas, con los ojos cerrados
* Nombra lo que has ocultado en la luz
* Nombra lo que has olvidado en la sombra
* Respira sin decidir

Di:

"Que la luz no me ciegue.
Que la sombra no me devore.
Que el tránsito me recuerde que soy ambas."

Redefiniendo la sombra en la magia
El Éreboquista

"La sombra no es ausencia de luz: es su espejo profundo."

El Éreboquista es el estudioso e intérprete de un profundo conocimiento de las sombras, la oscuridad en su relación con la existencia.

)O(Es un maestro del equilibrio que comprende y reconoce que la luz y la oscuridad son complementarias y no enemigas.

)O(Es un viajero de la penumbra, navega las profundidades de la oscuridad sin miedo a adentrarse en los laberintos de lo desconocido.

☽○☾ Guardián de los secretos y la lobreguez, protege el conocimiento oculto hasta que esté listo para revelarse.

☽○☾ Es un explorador de la umbra absoluta, puede adentrarse en la oscuridad total sin perder su propia esencia.

☽○☾ Se les reconoce como los sabios de las tinieblas. Introvertidos y enigmáticos, embebidos en el misterio, buscan escudriñar el vacío para encontrar las revelaciones.

Acepta y vibra en la luz y la oscuridad. Camina el sendero de la penumbra sin ser absorbido por ninguna de las dos. Las reconoce, controla y domina.

Sabe leer las sombras en todas sus variadas expresiones. Percibe las sutiles presencias e interactúa con ellas respetándolas y armonizándolas.

Todos los seres pueden descubrir el poder, llegando a convertirse en Éreboquistas, conociendo el lenguaje oculto de la oscuridad.

Principios

“El que comprende la sombra, no teme la luz.”

1. Reconocer y comprender la Dualidad Equilibrada

Este principio básico demuestra que la luz y la oscuridad no son opuestas. Son fuerzas complementarias. Su existencia surge de las vibraciones y frecuencias entre ellas, sin que exista conflicto o confrontación. En esencia, son lo mismo. No puede existir una sin la otra.

La comprensión de este principio permite al Éreboquista interactuar con ambas. Dominar sin permitir que lo dominen.

2. Principio de la Manifestación Oculta

Lo que se esconde en la sombra nunca está perdido. Se reserva para emerger en la luz en el momento justo.

Los secretos y el conocimiento oscuro tienen vida propia. Saben el momento exacto en el que deben brotar. La manifestación de la oscuridad es la revelación de lo sagrado. Es invisible hasta que se levanta eclipsando la luz.

El estudiante de la oscuridad deberá conocer y comprender el poder que este principio encierra.

3. Principio de la Vibración

Todo se mueve, nada está en quietud. Aun la oscuridad y la luz vibran en la danza sagrada.

Ni dentro de la luz ni en la oscuridad absoluta se encierra la verdad.

La esencia de la verdad yace escondida en la penumbra. Es el umbral sagrado donde ambas se tocan.

4. Principio de la Lobreguez

Las tinieblas son las guardianas del conocimiento abisal.

Lo que se encuentra dentro de la lobreguez no está atrapado. Está protegido y resguardado para aquellos que, sin temerle, lo pueden comprender.

5. Principio del Eclipse Interior

El verdadero aprendiz descubre el conocimiento cuando la luz y la oscuridad convergen. En la total antumbra, el caminante de la oscuridad percibe la realidad sin ilusión.

La sabiduría es invisible en la luz donde se esconde. Solo se notará su presencia cuando se descubre su existencia.

Lo valioso y portentoso no es visible.

Solo cuando se entra en el clímax de la oscuridad, su silueta aparece como el foso de la eternidad.

Sigue la oscuridad y descubrirás el conocimiento secreto.

6. Principio de la Expansión

La umbra no devora: transmuta, cambia, transforma.

Su secreto radica en la renovación constante de lo que fue mancillado por la luz sin sombra. Los sentimientos destruidos, la ilusión perdida, el fracaso indeseado, la vida agotada... solo se restaurarán en la expansión de la oscuridad.

Cuando la noche es más densa, anuncia que pronto amanecerá.

7. Principio de la Apertura de los Velos

Cuando no hay luz, no ves. Pero no es que no exista: es lo que aún no ha sido comprendido. Quien se funde y atraviesa las densas gasas de la noche con el propósito de conocer, encontrará las revelaciones que iluminarán su alma.

8. Principio de la Existencia y el Equilibrio

La sombra y la luz son las orillas del sendero. La existencia es la travesía que les da sentido.

El que esto comprenda habrá encontrado la llave de la puerta que no se ve.

9. Principio de la Trascendencia de las Tinieblas

Las tenebrosas tinieblas no son el fin de la oscuridad.

Son la frontera donde los miedos más intensos se deben superar.

Son la última frontera que el adepto debe transitar y vencer antes de encontrar la verdadera revelación.

10. Principio de la Disolución y Retorno

Este principio encierra una máxima de gran sabiduría en la cual debes meditar:

"Toda sombra se disuelve en la luz cuando en la mente hay claridad y conocimiento.

Toda luz se oscurece cuando la sombra es necesaria para entender."

La noche y la luna

La oscuridad no niega, preserva; la luz no borra, ¡revela!

“La sombra no es ausencia: es profundidad.”

La noche

Las horas de la oscuridad. De alguna forma, siempre ha existido la atracción al misterio que trae la noche, donde las sombras toman vida. Cuando los miedos más intensos se proyectan en las penumbras de la habitación.

El terror sobresalta y la imaginación desbordada descubre los monstruos que se esconden bajo la cama, prestos a atrapar al durmiente. Se escucha la respiración agitada del macabro ente. Las sábanas cubren el rostro tratando de ocultarse del extraño ser que, con sus garras afiladas, pronto atacará.

El grito ahogado pidiendo ayuda. Y puede que esto sea real. Igual que los fantasmas, espectros, desencarnados que deambulan durante las noches más oscuras y en la época invernal.

Pero en la noche también ocurre la majestuosidad que de día no se puede ver. A veces, en las noches de novilunio, cuando el reflejo de la luna desaparece y la noche es oscura… ¿alguna vez has visto el cielo?

Ves las sombras en la lejanía y, hacia arriba, el resplandor hipnótico de las estrellas. Luces titilantes, luceros lejanos con su resplandor bañan el lienzo de la noche. Solo en esas noches descubres y sientes el poder de las sombras. El infinito universo que abre sus brazos esperando por ti. Tu mente está absorta ante la belleza indescriptible de la oscuridad. Sientes que quisieras naufragar y perderte en ese puente infinito para unirte con las estrellas. Y tal vez piensas: ¿qué habrá más allá?

La noche, con su poder. La penumbra de la habitación prohibida que oculta los encuentros de los amantes que se refugian en las noches de locura y pasión. Tejiendo futuros e ilusiones que jamás podrán cumplir. Anhelos que se desvanecen cuando llega el amanecer, dejando un vacío que solo, solo en otra noche oscura volverán a tener.

O tal vez, la noche trae consigo el tormento y el dolor. Se vuelve eterna, como si fuera el manto terrible de la desolación. Noches largas cuando la angustia y el pánico se debaten en una guerra en el corazón.

Noches terribles donde las tinieblas toman forma, atrapando la mente en recuerdos de dolor. Quizá las noches horrendas donde el alma no encuentra calma, convirtiendo la bella oscuridad en el verdugo desalmado que roba la tranquilidad.

La noche, majestuosa y misteriosa, guarda en su seno los secretos que no aparecerán en la luz del día.

La luna

"La luna no ilumina: transforma."

Las horas de oscuridad están bajo el amparo de la luna, que influye sobre los pensamientos, estados emocionales, determinadas hormonas. Transforma y cambia.

El ciclo lunar, mes lunar o el mes de las brujas, conocido como mes sinódico, es el tiempo que gasta la luna desde el novilunio o luna nueva hasta el próximo novilunio.

Lo curioso de este ciclo consiste en que, en la antigüedad, las mujeres tenían su ciclo menstrual (de donde proviene "mes") en perfecta sincronía con el mes sinódico.

Pero más allá de esto, tanto la mujer, el hombre y la luna poseen similares secuencias con la sombra.

Inicio, plenitud y final. Tanto con el menstruo como con el ciclo lunar. El hombre normalmente desconoce este ciclo, pero actúa a nivel hormonal durante el ciclo lunar.

Penumbra, antumbra y umbra. Tomando en cuenta que se replican de forma simétrica como creciente y menguante.

Tanto la fase lunar de plenitud u oscuridad solo dura dos horas. De forma similar ocurre con la ovulación o plenitud del ciclo menstrual, donde el óvulo fértil solo vive dos horas.

En el hombre, los estados menstruales de carga de testosterona —su pico máximo— también duran solo dos horas.

El reloj de las brujas relaciona: horas, fase lunar, estación, sombras y menstruo.

Fases lunares y sombra
"*La luna no cambia: revela sus velos.*"

Penumbra Lunar: Los aretes de la luna
Equinoccio de luna creciente y menguante.

Es la transición, el intermedio entre luz y sombra. La luna no está plena, así como tampoco se encuentra desvanecida. En la secuencia lunar, la fase de cuarto creciente indica que la luna va hacia su plenitud. Mientras que en la fase de cuarto menguante decrece hacia la oscuridad.

Pero antes de estar la mitad iluminada y la otra oscura (antumbra), se presenta una suave luminosidad. Un pequeño arco de la luna está iluminado y el resto oscuro. Es la penumbra lunar.

De esta forma se produce:

)O(**Penumbra de luna creciente:** fase lunar de cuarto creciente
)O(**Penumbra de luna menguante:** fase lunar de cuarto menguante

En las dos fases, la mitad de la luna está iluminada y la otra oscura. La creciente de plenilunio (luna llena) y la menguante de novilunio (luna nueva, oscura o negra).

En la fase penumbral de creciente se presenta un fenómeno extraordinario. La luna se ve rodeada de una sombra densa, conocida como la "Luz Cenicienta". Esta tiene profundas connotaciones mágicas.

En la antigua Grecia, la luz cenicienta se convirtió en la diosa Selene, hija de dos titanes: Hiperión (luz celestial) y Tea (la luminosidad). Tuvieron tres hijos: Selene (la luna), Helios (el sol) y Eos (la aurora).

Fases lunares y luz cenicienta

La oscuridad no es ausencia de luz.
"*Es el espacio donde la luz duerme*"

La magia de la luz cenicienta. La magia que produce la luz cenicienta es un poderoso oráculo usado por los Éreboquistas (intérpretes de las sombras y la oscuridad).

Se considera que la luz cenicienta es el reflejo de la luz de la Tierra. Dentro de esa penumbra se leen los presagios y augurios de los sucesos venideros. Una lectura interesante, acompañada de poderosos rituales.

No todos los meses se produce el fenómeno, lo que lo convierte en un evento especial.

Antumbra lunar

"*La luna no se oculta: se transforma en símbolo.*"

Cuarto menguante y cuarto creciente, antes de la totalidad.

Tanto la luna creciente como la luna menguante tienen diferentes etapas de penumbra y antumbra, tanto hacia el plenilunio como hacia el novilunio.

La transición lunar presenta en cada fase los "arcos lunares" o aretes de la luna, con diferentes intensidades de iluminación y sombras.

Antumbra de cuarto creciente

Son dos arcos que nacen. El primero es un arco plateado brillante, con la luz cenicienta que rodea toda la luna, antes de la fase de cuarto creciente (mitad iluminada y mitad oscura).

Posteriormente aparece el pequeño arco de sombra antes de la plenitud o umbra.

Antumbra de cuarto menguante

Posterior a la umbra de plenilunio, aparece la penumbra menguante, luego la antumbra. La luminosidad de la luna plena comienza a oscurecerse.

Los arcos menguantes aparecen hasta el cuarto menguante. Luego, el arco delgado que produce la umbra de novilunio.

Umbra lunar

"*La plenitud no es permanente: es tránsito.*"

Es la fase de mayor intensidad lunar: oscuridad o luz absolutas. Fenómeno de plenitud que dura dos horas.

- En el plenilunio, la umbra significa totalidad de luz o luna plena.
- Mientras que, en el novilunio, la umbra significa oscuridad plena (la luna es invisible, llamada luna negra).

LAS HORAS Y EL RITMO DE LA VIDA

"La sombra no interrumpe el tiempo: lo revela"

La existencia de todas las especies está regulada por la intensidad de luz y oscuridad. Un patrón cíclico de la vida que posee fuertes influencias en la regeneración de los cuerpos.

En su mayoría, pasa desapercibido el poder de estos dos complementos. A pesar de que se piense que en el día no hay oscuridad, lo cierto es que sí existe.

El único momento donde pareciera que no hay sombras es la hora de mediodía. Fenómeno que dura pocos minutos, y solo en determinados lugares de la Tierra.

Para comprender este tratado de magia y poder, se debe conocer cómo la sombra se produce en cada milisegundo del tiempo, en los diferentes horarios.

Por ende, cada instante afecta la percepción, así como genera alteraciones mentales y físicas.

En el campo de la magia, las antiguas brujas, magos, sacerdotes y sacerdotisas conocían esta sutil influencia para modificar estados mentales, salud, sanación, bienestar y atracción de la suerte.

* ¿Ha notado que su estado mental cambia con las horas del día?
* ¿Es consciente de los ritmos de su sistema digestivo?
* ¿Ha percibido las suaves respuestas musculares con el tránsito de las horas?
* ¿Reconoce en qué horas su temperamento cambia?
* ¿Conoce su ciclo sexual durante el día?

Podríamos hacer un tratado de preguntas sobre los increíbles y desconocidos procesos que ocurren en su mente y cuerpo, estimulados solo por la luz y la oscuridad.

Para comprender este apartado, debemos ingresar al mundo de las brujas y alejarnos un poco de la ciencia. Esto será de vital importancia en la comprensión de la influencia de la luz en su existencia: amor, salud, suerte, bienestar, dinamismo, estados alterados de conciencia, temperamento, etc.

¿Qué la ciencia no lo haya descubierto no quiere decir que no exista?

La glándula pineal —Retomando el tema—
"El tercer ojo no ve: recuerda."

En el siglo II d.C., un médico griego, Galeno —gran anatomista de la antigüedad— descubrió dentro del cerebro, tanto humano como animal, una pequeña glándula. La llamó konareion (piña en griego) por su forma de cono o piña.

Para Galeno, la glándula pineal representaba el puente entre los espíritus y lo humano. La puerta de la existencia. El tercer ojo que eleva la conciencia al umbral de las dimensiones.

En el arte mesopotámico aparecen figuras aladas o genios llamados apkallu, seres protectores sobrenaturales, representantes de las fuerzas divinas, que portan un cono: una pequeña piña.

¿Qué es en verdad? Nadie lo sabe. Igual podría ser una semilla de pino. Pero cuando se unen los demás eventos y conocimientos entregados, se deduce que un gran poder existe dentro de la glándula pineal. Un tipo de conocimiento diferente. Una comunicación con "algo" que está más allá de los sentidos.

Se podría pensar que es tan solo una leyenda, si no fuera porque los sumerios —grandes sabios— asociaron el "cono" con las fases lunares y el mundo de los sueños, afectando los ritmos de la vida (ciclo circadiano).

Para ellos, el cono o piña (glándula pineal) es un puente que, bajo determinadas fases de luz de luna, produce la conexión con la "conciencia cósmica", abriendo el portal o tercer ojo. Concepto que aparece en la gran mayoría de culturas y filosofías. (Descartes promulgó que la glándula pineal es donde reposa el alma.)

Ese influjo de poder se le conoce como ritmo circalunar, que en las tradiciones más antiguas o lunisolares es la influencia que tienen todas las mujeres al sincronizar su periodo menstrual con determinadas fases lunares. Así como los cambios que se presentan en las mismas y, por ende, en la ovulación. Permitiendo que nazcan más hembras que varones.

Solo fue hasta el año 1958 que esto "sacudió" la ciencia. Aaron B. Lerner, médico e investigador químico, descubrió que la melatonina —hormona que regula el sueño-vigilia— es producida y regulada por la glándula pineal.

Y, además, que la glándula pineal está regida por los periodos de luz y oscuridad. ¡Un tema increíble!

Baños de oscuridad

"La sombra no encierra: revela lo invisible"

Volvamos por un momento al pasado. Las brujas conocían los ritmos y ciclos. Llevaban a las personas alteradas y enfermas a profundas cavernas, donde los aromas místicos y las flamas lánguidas de las velas creaban una penumbra relajante.

Es allí donde se producían las primeras visiones del mundo espiritual. El contacto con entidades sobrenaturales que anunciaban los presagios y los augurios.

De forma similar, en el antiguo oráculo griego de Delfos, el proceso era semejante: cavernas oscuras con teas lánguidas y misteriosas.

Los baños de oscuridad se implementaron en Grecia, Roma, Alejandría, Irlanda, etc., como un sistema de sanación física y mental. A tal punto que se convirtieron en baños turcos y saunas, como recintos de sanación.

Los grandes poderes de brujas y magos, la fuerza desconocida de la magia, la capacidad de contactar con seres de otras dimensiones, fluyen a través de la luz y la oscuridad regida por la glándula pineal.

El sueño

"La noche no duerme: transforma."

La influencia de las horas durante el día y la noche genera efectos desconocidos de alteración físico-mental. De igual forma, cambia la vibración energética, repeliendo o atrayendo.

Durante el sueño, la oscuridad y las sombras reorganizan los procesos conscientes, permitiendo la restauración cognitiva y física. (Los músculos se regeneran durante el sueño.)

Al mismo tiempo, de forma desconocida, se abren las puertas al mundo de los sueños. Portales indeterminados que transportan el espíritu a otros universos.

Es la noche, con su magia y su misterio, en el mundo de las sombras, donde la vida se transforma. Mientras el sueño abriga, se pierde toda conciencia de la realidad: nombre, vida, sentimientos, ilusiones.

La glándula pineal controla la melatonina y el sueño.

)O(¿Te has dado cuenta de que hay luz en tus sueños?
)O(¿De dónde proviene?
)O(¿Te has dado cuenta de que hay tinieblas en tus sueños? ¿Dónde nacen?

No existen respuestas que definan lo que sucede en el mundo onírico ni por qué o qué son los sueños en realidad.

Lo que sí se conoce del mundo de la magia es la capacidad que poseen algunos Éreboquistas: pueden robar o imponer los sueños, atar los espíritus o almas a otros mundos, crear otras realidades donde el tiempo no existe.

Igual, es durante los sueños que se transforman los destinos. Las horas mágicas de la noche tienen secretos sagrados. Desde el inicio de la oscuridad en el crepúsculo, todo cambia.

Quien aprende a identificar el lenguaje de las sombras descubre el poder que está más allá de los sueños, llegando al punto de proyectar energías al futuro, cambiando el destino.

¿Ha tenido sueños que luego se cumplen?

Los sueños premonitorios son los que aparecen revelando lo que aún no ha llegado.

Este tipo de eventos que se presentan durante el sueño son posibles de programar. Obedecen a la fase de luna, la hora, y los pensamientos que se tengan antes del trance o durante las horas del poniente.

La danza de las horas

"El tiempo no *avanza*: pulsa"

Normalmente, la vida transcurre de forma habitual. La mente se acostumbra a la rutina. Pierde el profundo sentido del ritmo oculto de la vida.

La magia que se esconde detrás de las horas, el poder que actúa de forma sutil sobre la mente altera los pensamientos y emociones. Momentos donde las influencias llegan de forma directa. Instantes donde se bloquean las energías. Horas benéficas, horas maléficas, horas vacías.

Pocas personas reconocen los cambios que se presentan en diferentes momentos del día y la noche. En ocasiones, se siente un impulso que los lleva a actuar de manera impulsiva.

En otros momentos, se despierta la ansiedad, un deseo irresistible de hacer algo: comer, beber, discutir, reclamar, salir, escapar, comprar de forma impulsiva, etc.

* ¿Ha sentido en algún momento un deseo irresistible de un antojo?
* ¿En alguna hora ha percibido que la energía le abandona y entra en un estado de desolación sin saber por qué?

En el mundo de la magia y de los Éreboquistas, eso es el lenguaje de las sombras. Ese algo que no es visible, pero está presente.

Las horas mágicas

"El tiempo no se mide: se invoca"

Dentro del mundo de la magia se han reconocido las horas del día y de la noche para realizar determinados rituales.

Tomando en cuenta la influencia de la luz y la oscuridad, y el poder que ejercen las horas o el dominio del tiempo.

Para comprender este tratado, se debe tener en cuenta las divisiones del día y la noche, la diferencia entre sueño y vigilia, y las horas fantasmales y luciferinas.

El día es una secuencia de variación de luz en cada segundo de las 24 horas. Los viejos grimorios y tratados mágicos dividen el día en varias fracciones lumínicas y penumbrales. Cada una posee una característica e influencia diferente.

En el mundo de la magia existen dos fases del día que tienen el mayor poder, tanto de la luz como de la oscuridad. Se recomienda reconocerlas y aplicar sus principios a la vida y estabilidad mental.

Horas crepusculares

"El crepúsculo no es transición: es portal."

Existen dos momentos donde las horas crepusculares influyen sobre la naturaleza, la vida, los pensamientos y las emociones, causando una poderosa transformación.

Son las horas de mayor cuidado, donde todo puede cambiar. El crepúsculo no solo marca momentos del día, sino que también son portales simbólicos:

- El alba como nacimiento
- El ocaso como muerte
- El lubricán (la hora del lobo) como umbral entre los mundos

Existen en el día dos crepúsculos:

- **El del amanecer:** donde la noche cede el poder al día.
- **El del atardecer:** donde el día retorna el poder a la noche.

El equilibrio del día

"No hay luz ni sombra: solo el instante que las une."

El crepúsculo, conocido por las brujas y los magos, son dos momentos específicos de transformación física, mental y energética. No hay luz, no hay oscuridad. Una suave penumbra transforma el día en noche y esta en día.

Crepúsculo matutino

"La primera luz no alumbra: consagra."

Entre las 5 y 6 de la mañana, dependiendo de la estación, se presenta la franja celeste que despeja la oscuridad dando paso al día. Es un momento de gran poder y renovación.

En el mundo mágico se conoce como:

- Portal de la luz
- Amanecer
- Orto
- Alba
- Aurora
- Hora Venus (Estrella del amanecer)
- Hora luciferina matutina (Lucifer, el portador de la luz)
- Estrella matutina
- Luz del este (orientación de los círculos mágicos)
- Despunte del día

El crepúsculo matutino se caracteriza por la aldaba y alborada: cantos o rondas de las brujas que esconden los conjuros para obtener el poder de la luz del primer rayo de sol.

El día más propicio para estos conjuros corresponde con el gran Sabat de Litha, en el solsticio de verano.

El crepúsculo matutino tiene la fuerza de la naturaleza en su máximo poder. Durante el mismo se realizan rituales de:

- Gratitud
- Avance
- Contras
- Iniciación mágica
- Conexión espiritual
- Rezos
- Bautismo
- Conjuros de protección

El segundo sol

"La luna y el sol se cruzan: el velo se abre."

Es importante reconocer el poder del «segundo sol», el cual ocurre durante el plenilunio en las horas crepusculares matutinas.

Este evento celeste de corta duración transforma la luna, que cambia de tonalidades quedando anaranjada, igual que el sol que aparece al mismo tiempo.

Los diferentes rituales que se ejecutan deben combinarse con las estaciones y fases lunares para potencializar los efectos deseados.

El segundo sol — cuando la luna arde

Fenómeno crepuscular del plenilunio matutino

"La luna y el sol se cruzan: el velo se abre."

El Segundo Sol no es un astro.

Es un instante.

Un cruce.

Una revelación.

Ocurre durante el plenilunio,

en las horas crepusculares del amanecer,

cuando el sol comienza a elevarse
y la luna, aún llena, se tiñe de fuego.
La luna se vuelve anaranjada,
el sol aparece al mismo tiempo,
y el cielo se convierte en espejo doble:
luz que recuerda la sombra,
sombra que revela la luz.

Mito del cruce

Se dice que el Segundo Sol es el momento en que los dos ojos del mundo se abren a la vez.

Uno ve lo visible.
El otro, lo velado.
Durante ese cruce,
el alma puede recibir visiones,
el cuerpo puede reprogramarse,
y los rituales se potencian como si el tiempo se suspendiera.

Principios del segundo sol

- La luna no refleja: arde
- El sol no ilumina: revela
- El cruce no dura: transforma
- El velo no se rompe: se abre
- El alma no actúa: se deja atravesar

Ritual del segundo sol

- Solo se realiza durante el plenilunio al amanecer.
- Coloca un cuenco con agua entre tú y el horizonte
- Enciende una vela blanca y una vela naranja
- Mira el reflejo del cielo en el agua, no directamente
- Nombra lo que deseas recordar
- Nombra lo que deseas olvidar
- Respira sin pedir

Di:

"Que el Segundo Sol me atraviese.
Que la luna ardiente me revele.
Que el cruce sea conjuro, no tránsito."

Horas crepusculares y horas del levante

Crepúsculo matutino

Entre las 5 y 6 de la mañana, dependiendo de la estación, se presenta la franja celeste que despeja la noche, dando paso a la penumbra y posterior amanecer.

Es la hora de Lucifer o estrella de la mañana. En el cielo aparece Venus como lucero del alba.

En el mundo de la magia son las horas de poder solar. "***La noche se refugia el día se renueva***"

En la magia, las horas cuando se rompe la noche se denominan:

- Alba
- Aurora
- Albor
- Orto
- Rayar el día
- Hola lucífera matutina
- El sueño de las sombras
- Poder del cielo

Se ejecutan los rituales de avance y progreso. Se colocan las aseguranzas, amuletos y talismanes.

Crepúsculo vespertino

"La luz se retira, la sombra prepara."

Entre las 5 y 6 de la tarde, dependiendo de la estación, se presenta la franja celeste que despeja el día, dando paso a la penumbra y posterior oscuridad o noche. Es la hora del vampiro (normalmente, es la hora en que los murciélagos salen de las cavernas).

En el mundo de la magia, es el momento de la preparación de los altares. También se conoce como:

- Atardecer
- Ocaso
- Arrebol vespertino
- Hora de Venus
- Hora luciferina vespertina
- Estrella vespertina
- Estrella de la noche
- El levante de las sombras
- Ocaso dorado (rituales de poder y riqueza)
- Sueño celeste

Las horas del levante

“El día nace en la sombra.”

De medianoche a cinco y media de la mañana. Son las horas del nacimiento del día. Seis horas donde ocurren los más extraordinarios eventos.

“La medianoche no es hora: es umbral.
No marca el tiempo: lo suspende.
Es el instante en que el alma se enfrenta a lo que no puede nombrar.”

00:00 — Media Nox

- La hora de las brujas nocturnas
- La hora de la lechuza
- El instante donde dos poderes se funden: el final y el comienzo
- La muerte del día, el nacimiento del misterio

Antes del golpe de la hora:

- Cierro.
- Protejo.
- Purifico.

- Limpio los rastros de hechizos y brujerías.

Preparo el lecho de los sueños, para que la noche hable sin interferencias.

Después del golpe de la hora:

- Abro.
- Consagro.
- Levanto el altar.
- Imprimo hechizos.
- Construyo y destruyo.
- La magia se eleva, como vapor de luna sobre el caldero.

En la noche del solsticio de luna llena, el poder se multiplica.

"Todo ritual se vuelve eco eterno"

Media Nox no es hora de duda

- *Es hora de dec*isión.
- De conjuro.
- De poder.
- Así sea.

Rituales de medianoche

"*La sombra alcanza su cenit. El conjuro se imprime.*"

La medianoche: dos poderes se funden en un mismo instante, el final y el comienzo.

En brujería y ciencias oscuras se conoce como:

- Hora del velo
- Hora negra
- Noctis mediana
- Midnait
- Vigilia del abismo
- Umbral de Arddu
- Los ojos de la bruja

☽◯☾ Antes de la medianoche se ejecutan rituales de cierre, protecciones, limpieza contra hechizos y brujerías, y preparación para influir en los sueños.

☽◯☾ Después de la medianoche, se prepara, se limpia, se monta el altar para los diferentes rituales del levante. Se imponen hechizos y conjuros, se realizan rituales tanto para construir como para destruir.

La medianoche posee la hora de mayor influencia mágica. Aumenta su poder durante la noche del solsticio de luna llena.

Rituales recomendados a esa hora:

* *Barrer la casa al revés (círculos a la izquierda)*
* *Regar sal en las esquinas para proteger*
* *Tejer trenzas de lana negra para hechizos de amor*
* *Conjurar y ahumar espejos mágicos*
* *Atar a los enemigos (cinta negra, objetos o fotografías)*
* *Revolver los céfiros para atormentar en sueños*
* *Realizar baños con jabones o plantas dulces para atraer la suerte*
* *Tener relaciones sexuales sobre una manta roja en el suelo para atraer la fertilidad*
* *Conjurar escobas*
* *Hechizar botones para amarrar y atar*
* *Amarrar prendas de ropa interior para fortalecer la unión de pareja (requiere ritual específico)*
* *Interrogar el subconsciente con péndulo*
* *Contemplar la bola de cristal para leer el futuro (Hialoscopia)*
* *Conjurar naipes y barajas para lectura de la suerte*
* *Conjurar* monedas para atraer el dinero

Horas del poder nocturno

01:00 — Sombra Silente

"La sombra no grita: susurra lo que temes nombrar."
"Cuando todo calla cuando ni el viento se atreve, yo escucho la sombra".

Esta es la hora de la introspección,
del descenso interior,
del contacto con lo que no tiene forma,
pero sí intención.

Los Éreboquistas trabajan en silencio, atraen, envían, exorcizan. No con gritos, sino con gestos.

No con fuego, sino con sombra.
Yo abro la puerta psíquica,
y dejo que el sueño se convierta en mensaje.

Que lo que se oculta,
se revele.
Que lo que se teme,
se nombre.
Si invoco,

lo hago con respeto.
Si observo,
lo hago sin juicio.
Si conecto,
lo hago desde el centro.

Pero si uso espejos,
que no sea a medianoche.
Porque el reflejo no siempre devuelve lo que se muestra.
La Sombra Silente no ataca.

Espera.
Y si la escuchas,
puede enseñarte.

Así sea.

Interpretación mágica

La hora de la introspección. Es el momento para tener contacto con las entidades oscuras. Los Éreboquistas trabajan atrayendo, enviando o exorcizando los entes de la oscuridad.

Se producen conexiones psíquicas que influyen en los sueños. *(Véase el libro Significado e Interpretación de Sueños)*

Si se conocen las técnicas de invocación, esta es la mejor hora para realizarlas. Recuerde tener precaución con el uso de los espejos a la medianoche.

A la una de la mañana, las puertas pueden sonar. Las sombras salen de las sombras, ellas van a divagar. Las sábanas pueden tomar vida, en silencio se moverán. No hables, no grites, no las escuches. No las puedes callar.

Aprende de ellas. Allí siempre están.

Si te despiertas a la una, las sombras junto a ti están.

02:00 — Latido de la Tierra

“El mundo no duerme: respira por dentro.”

A esta hora,
cuando la tierra respira en su sueño,
yo escucho su latido.

Que el cuarzo me dé claridad.
Que la corteza me dé firmeza.
Que la moneda me dé equilibrio.
Que la sangre me recuerde que estoy vivo.

Yo me uno al universo,
no desde el ruido,
sino desde el silencio.

Aplaco la mente.
Me siento sobre la tierra.
Respiro como quien escucha el pulso del mundo.

Tomo una cabuya de fique,
y hago seis nudos.
Uno por cada dirección.
Uno por cada guardián.
Uno por cada sombra que no me tocará.

Este amarre será mi aseguranza.
Este gesto será mi escudo.
Que los enemigos se alejen,
que el poder se quede.

El Latido de la Tierra me protege.
Y yo, en su ritmo, me fortalezco.
Así sea.

Interpretación mágica

Durante esta hora es ideal realizar conjuros con los elementos de la tierra: cuarzo, cortezas, monedas, sangre, etc. Es el momento de unión con el universo. El mejor instante para aplacar la mente y meditar.

Consiga una cabuya de fique y haga seis nudos a esa hora. Será una aseguranza de gran poder mágico. Alejará a sus enemigos.

El latido de la tierra es la conexión con la naturaleza viva. Esta hora es sagrada. Los Éreboquistas la utilizan para los conjuros de las sombras del poder terrenal.

Las guardianas de tesoros, riqueza, abundancia y prosperidad se activan en este momento.

Se recomienda dejar bajo la cama elementos de la tierra: aras sagradas, cortezas, piedras brillantes, monedas.

Horas del umbral
03:00 — Lubricán

La hora del lobo y la hora muerta
"El tiempo se pliega. El alma se asoma."

Entre la hora del lobo y la aurora, el mundo se detiene.

Los relojes tiemblan.
Las sombras no obedecen.
Es el tramo donde el tiempo se pliega sobre sí mismo,
como una sábana que envuelve a los que aún no se han ido.

Si despiertas en este intervalo, no lo ignores.
Tu alma ha sido llamada.
No por el miedo, sino por la memoria.
Los muertos caminan despacio,
buscando lo que les falta:
un nombre, una promesa, una despedida.

No enciendas luces.
No pronuncies tu nombre.
Escucha.
El crujido de la madera,
el susurro del viento,
el canto lejano de un ave nocturna.
Los golpes en la puerta.

Todo puede ser señal.
Hay rituales que no deben hacerse en estas horas.
Abrir puertas, invocar, atar...
puede dejar grietas que nunca cerrarás.

Pero si tienes algo que decirles, hazlo.
Si tienes algo que ocultarles, escóndelo bien.
Este es el silencio que conjura.
El espacio entre mundos.
El momento donde el alma se asoma,
fuera de tu cuerpo, y se comunica con las sombras de los muertos.

Así sea

Advertencia mágica

☽◯☾ Si despiertas varias noches seguidas a esta hora, es un presagio. Algo está actuando en tu contra.

☽◯☾ Influencias negativas pueden haberse desatado sobre ti o tu familia. (Véase el libro Señales de Brujería)

☽◯☾ Es la hora perdida. Nadie sabe a dónde el espíritu puede marchar. Bien porque se va, o porque otros lo han de llevar.

Precauciones y rituales

☽◯☾ Ten cuidado a esta hora. Todo puede pasar. Los muertos se despiden. El lobo va a aullar.

☽◯☾ No practiques magia en este momento. Las sombras deambulan y tu alma puede ser atada.

☽◯☾ Es la hora donde los que van a morir visitan tu lecho para despedirse. Sentirás el abrazo de la muerte. Te despertarás, sin poder moverte ni gritar.

)O(Si tienes espejos en tu habitación, cúbrelos antes de dormir. A las 3 de la madrugada no sabes lo que puede salir por ellos.

)O(Si duermes con alguien y lo escuchas hablar a esa hora, no lo interrogues. Su espíritu no está. No lo despiertes. Solo escucha.

)O(No duermas con gatos ni perros en tu habitación. A esa hora pueden robarte energía, mirándote fijamente.

)O(Protege tu energía. Usa un talismán en tu lecho.

)O(Cuando duermes, eres vulnerable. No sabes lo que pueda pasar.

)O(Si sientes que algo te visita, ata y cierra tu cama.

)O(Trenza tres hilos: rojo, blanco y negro.

)O(Ata los extremos. Es un círculo de protección que te protegerá.

04:00 — La hora del Gallo

"El mundo aún duerme. Yo ya estoy despierto."

Antes del canto,
antes del sol,
cuando el gallo aún sueña con el día,
yo despierto al poder.

Que esta sea la hora del levante,
la hora del fuego invisible,
la hora donde el incienso habla,
y el sahumerio limpia lo que no se ve.

Yo riego las esquinas con arroz,
como quien siembra abundancia en los bordes del mundo.
Que cada grano sea promesa,
que cada esquina sea altar.

Este ritual lo guardo para las noches del equinoccio lunar menguante,
cuando la luna se retira y deja espacio para lo nuevo.
Que el arroz atraiga bienestar,
que la casa respire otra vez.

Yo despojo lo que ya no sirve.
Lo que ocupa espacio sin alma.
Lo que pesa sin razón.
Que al liberar lo denso,
llegue lo sutil.

Muevo las energías del hogar
como quien barre con intención,
como quien abre ventanas al destino.

Esta es la hora del gallo.
Y aunque el mundo aún duerme,
yo ya estoy despierto.

Así sea.

Interpretación mágica

La hora del levante del día. El momento ideal para realizar rituales de poder: riegos, inciensos, sahumerios, baños de la suerte, limpias para armonizar las energías.

Es el instante propicio para regar en las esquinas de la casa granos de arroz. Ritual que se debe realizar en las noches del equinoccio lunar menguante. Atrae abundancia y bienestar. Es buen momento para hacer despojos de todo lo que no se necesita y ocupa espacio. Al liberar el hogar de lo denso, llegará lo nuevo.

Una excelente hora para mover las energías del hogar.

Aurora luciferina y horas matutinas

05:30 — Aurora Luciferina

"El sol aún no ha nacido. La luna aún no se ha ido."

- Amanecer
- Orto
- Horas del levante
- Crepúsculo matutino

En el nombre del alba que aún no es día,
y de la noche que aún no se ha ido,
yo convoco el instante donde el sol y la luna se funden.
Que el arrebol sea mi estandarte,
que la luna naranja sea mi espejo,
que el cielo doble me revele el camino.
Esta es la hora del levante,
el orto sagrado,
el crepúsculo matutino donde los dos soles se cruzan.
Que los rayos mezclados me den fuerza,

que la luz lunar me dé intuición,
y la solar, acción.

Yo conjuro el día:
con el café, leo los signos;
con el chocolate, endulzo el destino;
con el tabaco, soplo las sombras.

Que la suerte me encuentre despierto.
Que el cuerpo se mueva como quien danza con el universo.
Que la mente se abra como flor al sol.
Desde este instante,
las horas solares comienzan.
Y yo las recibo como quien recibe una promesa.

Que cada ritual que haga hoy
esté atrapado entre los dos crepúsculos,
como un secreto guardado entre dos suspiros del cielo.

Así sea.

Interpretación mágica

Dependiendo de la estación, se inician las horas crepusculares matutinas. El poder solar y lunar se funden en un instante.

Solo durante las noches del solsticio de luna llena, en estas horas aparece el "día de los dos soles": los mágicos arreboles del amanecer y la luna que cambia de colores hasta el naranja, en el mismo momento en que el sol despunta.

Tanto los rayos lunares como solares entregan la fuerza de la vida. Durante el crepúsculo matutino se conjura el día, se crean los rituales de poder, se realizan los baños de sol sagrados. Es la mejor hora para dinamizar la mente y el cuerpo, abriendo la puerta a la atracción.

También se realizan los sortilegios de la suerte: lectura del café, chocolate, tabaco… así se conocen las señales del porvenir. A partir de esta hora comienzan las horas solares o de luz, que van desde las 6:00 a.m. hasta las 6:00 p.m.

Estas horas están atrapadas entre los dos crepúsculos. Se deben conocer y tener presentes en la realización de los diferentes rituales.

Invocación a lucifer
El que brilla en el abismo

"Antes del sol, aparece él. No como guía, sino como fuego. No como dios, sino como espejo."

Oh, Lucifer, Lucero del Alba,
Portador de la luz que arde antes del día,
Tú que brillas en el abismo,
Tú que eres Venus antes del sol,
Te invoco para seguirte,
y para verte.

Que tu llama me revele lo que la luz oculta,
Que tu caída me enseñe lo que el ascenso niega,
Que tu presencia me atraviese sin juicio,
Como estrella que no guía,
sino despierta.

Tú que fuiste luz,
y elegiste sombra,
Tú que ardes en el cielo
cuando el mundo aún duerme,
Muéstrame el rostro que no se nombra,
El fuego que no se apaga,
La verdad que no se enseña.

Que tu luz me revele los secretos de tu sombra,
Portador de los cielos, muéstrame el sendero,
El camino de luz y sobra que me lleva a tu poder.

Así sea

"Que el alba me encuentre con tus ojos.
Que el día no me ciegue.
Que la noche no me devore.
Que tu tránsito sea conjuro,
no condena."

Éirí — Horas Matutinas (6:00 a 9:00 a.m.)

"El sol apenas asoma. Lo que hagas será semilla."

Al comenzar el día, según la vieja tradición celta, tanto las mujeres sabias (banfháith) como los hombres (fili) definían los cambios del día. En esa época no existían relojes para medir las horas.

Utilizaban el conocimiento de los Éreboquistas y, a través de las sombras de los árboles y varas, conocían el tránsito del sol.

De acuerdo con la tradición, identificaban las sombras con nombres clave:

* Éirí
* Alba
* Despunte del sol
* Matinal

Entre las 6:00 y las 9:00 a.m.
Cuando el sol apenas asoma,
todo lo que hagas será semilla.
Y todo lo que calles,
será raíz.

Entre las seis y las nueve,
el mundo se despierta,
pero tú decides cómo te quieres levantar.
Es la hora de los dioses,
del afán sagrado,
del amor que se manifiesta en el cuidado.

El alimento, la limpieza, el orden:
todo es conjuro si se hace con intención.
Los duendes de la prosperidad caminan entre las aves.
Si las alimentas, te bendicen.
Si las ignoras, se van.

No te acuestes de nuevo.
No regreses al sueño.
La pereza es un hechizo que roba el destino.

No hables con enojo.
No empieces el día con reproches.
El sol te mira,
y su luz amplifica lo que llevas dentro.
Si es veneno, te lo devolverá.
Si es bendición, la multiplicará.

Éirí no es solo la mañana.
Es el espejo dorado.
Y lo que reflejes,
será tu día.
Empieza tu día,
dale gracias a la vida,
y a la muerte también.
Puedes ver otro sol,
un presente que no puedes desperdiciar.

Horas del resplandor y la sombra lumínica

Horas del resplandor (6:00 a 9:00 a.m.)

"La luz amplifica lo que llevas dentro."

Las energías toman fuerza. Las primeras horas del día traen consigo el poder del resplandor, dependiendo de la estación. Son las horas de los dioses, del afán del día, del inicio y el comienzo. El amor se manifiesta en el cuidado, la purificación y el alimento.

Son también las horas de los duendes que traen la prosperidad. Si alimentas las aves y animales silvestres, gran poder tendrás.

- El baño de plantas y las semillas regadas al salir de casa
- El orden del lugar
- La limpieza del hogar

Todo ello son energías que atraen prosperidad.

Cuida el temperamento. Si te alteras, gritas, discutes o peleas, solo males a tu vida traerás. El sol te mira. Él es el poder. Su luz amplifica lo que dentro llevas, y eso —tenlo por seguro— te lo devolverá.

Durante estas horas, no te vuelvas a acostar. Si ya te levantaste, así te quedarás.

- No permitas que la pereza te domine
- No dejes que el pasado te atrape y te deprima
- Ten cuidado con lo que hablas
- No empieces el día con reproches y mal humor
- Canta, baila, mueve tu cuerpo, haz deport
- Ten una mente tranquila si quieres estar bien
- Lava la casa, arregla el hogar, limpia tus cosas: no las dejes amontonar

Lá
La sombra lumínica (9:00 a 12:00 p.m.)

"La luz no alumbra: distrae."

Entre las nueve y las doce,
la luz parece clara,
pero nada se ve.

La sombra se disfraza de brillo,
y los secretos caminan escondidos,
sin que nadie los pueda ver.

Aquí se pacta.
Aquí se ama.
Aquí se traiciona.
Aquí se engaña.
Aquí se manipula.
Aquí se abusa.

Las mujeres perfuman sus cuerpos.
Mientras los hombres cierran sus puertas.
Los amantes se encuentran. Nadie los puede ver.
En el mismo lecho duermen al revés.
Las brujas se reúnen.
Los magos también.

Los pactos se firman. Nadie lo va a saber.
Es la hora de la sombra lumínica,
la oscuridad que vive dentro del sol.
El mundo corre,
pero no mira.
La rutina lo ciega,
la luz lo engaña.

Quien actúa en Lá,
actúa sin dejar huella.
Quien conjura en Lá,
conjura sin dejarse ver.

Porque en estas horas,
la intimidad se vuelve poder,
y el secreto, nadie lo va a saber.

Después del mediodía,
todo cambia.
La vara solar se alarga,
y la verdad comienza a proyectarse.

Pero en Lá,
todo se esconde.
Todo se trama.

Todo se decide.
Bajo la luz del día,
lo oscuro se va a tejer.

Interpretación mágica

De 9:00 a 12:00 son las horas para los secretos mágicos. Rituales de amantes, negocios ocultos, conspiraciones, misterio, encuentros prohibidos, reuniones o coven de brujas y magos.

* Reuniones secretas
* Silencio de la mañana
* Baños sagrados de perfumes mágicos

Tanto mujeres como hombres usan estas horas para entrar al mundo de sus profundos secretos.

Encuentros oscuros con rituales de poder, de amor o traiciones se pueden tejer. Estas horas matinales son más oscuras que la hora de la muerte. Invisibles entre todos, ocultas en el sol.

Son las horas de la sombra lumínica. El mundo agitado ignora esa oscuridad. Quien aprende a actuar en estas horas tendrá un gran poder que nadie descubrirá.
Las horas de los amantes, los secretos y la intimidad. Las horas ocultas en la luz del día que nadie verá.

«Qué mejor hora para los encuentros: mujeres que hablan en secreto, amantes que se reúnen, delincuentes que traman… entre las 9 y las 12 del día. La luz distrae, el mundo no mira. Y es la capa perfecta que esconde los pactos más oscuros.»

A partir del mediodía todo cambia. La sombra de las varas solares se alarga, mostrando el atardecer. Llegan los momentos donde la magia de las horas tiene otro poder.

Horas del sol y del poniente
Gréin
Mediodía (12:00 a 3:00 p.m.)
"La luz no revela: disfraza."

Cuando el sol está en lo alto,
la verdad se esconde.
Las sombras no se ven,
pero las palabras las dibujan.

De doce a tres,
todo se dice sin decir.
Las mujeres cocinan,
pero también conjuran.
Los hombres callan,
pero también disfrazan.
Es la hora del cuento,
del chisme,
del enredo.

La hora donde la mentira se viste de leyenda,
y la verdad se sirve con especias.
Las banfháith lo sabían:
tres escobas bastan para cambiar un destino.
Cuatro para curar o empoderar.
Dos invertidas para barrer el alma
y saltar sobre el aura como quien salta sobre el miedo.

Aquí no se grita.
Se murmura.
No se ataca.
Se barre.
Porque en Gréin,
la magia no se oculta en la noche,
se cocina al fuego lento del mediodía.

Interpretación mágica

Las banfháith, brujas de sabiduría, llamaban a estas horas "las horas de la mentira". Por alguna razón extraña, es el momento de las leyendas, los cuentos, los chismes y los enredos.

Son las horas de la cocina. Las mujeres se reunían para hablar, inventar historias… y algo más. Los hombres, en su afán, ocultan los secretos que no pueden revelar. De alguna forma, todos disfrazan la realidad. De 12 a 3 de la tarde, muchas cosas se deben ocultar.

Sin embargo, son las horas ideales para los rituales de las escobas que las mujeres saben realizar:

☽○☾ Tres mujeres con tres escobas pueden cambiarlo todo: alejar un amante, atraer un marido, atormentar a alguien o destruir un vecino.

☽○☾ Cabo con penacho: un triángulo formará, mientras danzan y cantan el hechizo que quieren lograr.

☽○☾ Cuatro mujeres con cuatro escobas curan o empoderan a una.

)O(Dos escobas invertidas: la mujer entre ellas acostada quedará. Con las otras dos escobas su aura barrerá y después sobre ella saltarán.

Suan
Atardecer (3:00 a 6:00 p.m.)

"La mente flota. La magia entra."
Mira a lo lejos, en el atardecer,
una sombra viene ya.
Otra la sigue, va detrás.
La tercera no se ve,
pero ellas saben dónde estás.

Niño, niña de risos dorados,
da la mano, gira el mundo, gira el llano.
Cierra los ojos, di que sí,
ya llega la sombra que entrará en ti.

Salta el sapo de la cama,
igual que la cigarra.
Huele a miel, pero es la llama.
Cuenta estrellas sin parar,
y no olvides conjurar:

Uno es fuego,
dos es piel,
tres la sombra te lleva también.

Oye la chicharra, vas a dormir,
mientras las tres sombras
empiezan a venir...
Una sombra viene ya...

Interpretación mágica

Las brujas las llamaban las horas inocentes del poniente. La calma retorna, la mente se relaja. Son las horas ideales para la invocación, la consulta de los oráculos, la magia que cierra la luz y abre la oscuridad.

Son las horas de la reflexión. Se piensa y se olvida. Se oculta con devoción. Se tejen rituales, se fabrican pociones, se conjuran velas con la luz del atardecer.

Cerca de las 6, el crepúsculo anuncia la transformación. La hora luciferina regresa, invitando a la oscuridad. El día agoniza, el sol se apaga, los luceros brillan con la danza de las estrellas.

* Rituales de transformación: se cambia la imagen, se transforma el corazón
* Las velas listas en el círculo sagrado
* El cáliz preparado para el ritual de poder

Todo lo mágico que hagas en las horas del atardecer te dará poderes que te harán bien. No olvides las velas: son la luz que ilumina tu oscuridad. Construye rondas que un conjuro tendrán. Mientras arrullas a los niños, las vas a cantar.

Un conjuro o un hechizo, en una ronda escondido está.

Todos la cantan. Nadie lo sabrá.
Aprende y lo sabrás: como las rondas en el crepúsculo, la magia va a usar.
Canta...

Advertencia ritual

Las brujas en la antigüedad sabían que las horas del atardecer predisponían el "engaño" de la inocencia para ocultar un interés.

La manipulación y la magia disfrazadas de ingenuidad. Así suele pasar.

Son las horas donde el sol ha caído, la mente saturada del bullicio, el letargo de la tarde adormece los sentidos.

Un estado hipnótico, silencioso e invisible hace que la mente no analice y pierda la objetividad. Son las mejores horas para ejecutar rituales de manipulación e influencia mental.

Es la hora donde el cuerpo se rinde, pero la mente aún flota.

Y en ese flotar… todo puede entrar.

Lucifer vespertino
El engaño de la luz que cae

Advertencia ritual: cuando la luz no ilumina, sino disfraza.

Lucifer al atardecer no aparece como estrella. Aparece como reflejo, como susurro, como brillo que no revela.

Es el instante en que el sol ha caído,
pero la mente aún flota,
y en ese flotar...
todo puede entrar.

Las brujas lo sabían:
el crepúsculo vespertino es la hora del engaño ritual,
de la influencia mental,
de la magia disfrazada de ingenuidad.

Mito del fulgor caído

Se dice que Lucifer, al caer,
no perdió su luz: la volvió máscara.
Que, en el atardecer,
su presencia no guía: seduce.
No revela: confunde.
No ilumina: hipnotiza.
Es la hora en que el cuerpo se rinde,
pero la mente aún flota,
y en ese estado,
la voluntad puede tocarse sin que lo sepa.

Principios del crepúsculo vespertino

- La luz no aclara: disfraza
- La sombra no oculta: prepara
- El juicio no actúa: se suspende
- La mente no decide: se deja llevar
- El alma no protege: se abre sin saberlo

Ritual de lucifer vespertino

Solo se realiza en la última hora del ocaso, cuando el sol ha caído pero el cielo aún arde.

- Coloca un espejo frente a una vela naranja
- Escribe en papel la intención disfrazada de deseo
- Quema el papel sin leerlo en voz alta
- Respira sin pensar
- Escucha sin juzgar
- Deja que el reflejo te atraviese

Di:

“Que Lucifer me muestre lo que no quiero ver. Que la luz caída me revele el disfraz.
Que el crepúsculo no me guíe, sino me despierte.”

Oíshe y ré
Horas del poniente y la medianoche
Oíshe

Poniente y oscuridad (6:00 a 9:00 p.m.)

“La luz dorada no revela: prepara el terreno para el deseo.”

La luz dorada no revela. Oculta.
Es el maquillaje del día,
el disfraz que prepara el terreno para el deseo.
Entre las 6 y las 9,
el sol se retira, y con él, la voluntad.

La mente se adormece,
el cuerpo se rinde,
y el alma queda expuesta.
Es la hora donde todo parece calmo,
pero bajo esa calma,
se mueve la influencia.

Las brujas lo saben.
Los magos lo esperan.
Los rituales se deslizan como perfume,
como insinuación,
como caricia que no se nota,
pero se queda.

Aquí no se grita.
No se exige.
No se confronta.
Aquí se desea.
Se sugiere.
Se conquista.
Si hablas en Oíshe,
que sea para atraer.
Si actúas, que sea para seducir.
Si callas, que sea para influir.
Porque en estas horas,

la mente no lucha.
Solo recibe.

Interpretación mágica

El ciclo vuelve a cambiar. Las energías se adormecen. La calma y el silencio comienzan a llegar. Son las horas que deprimen y traen soledad.

Las brujas, conocedoras de este estado de ánimo, aprovechan para influir. La mente entra en un trance sutil. Si no existe un fuerte estímulo, nadie lo nota. A tal punto que el común olvida lo que hizo la noche anterior entre esas horas.

La mente tiende a aceptar las insinuaciones sin resistencia. Está distraída, casi sin pensamientos, antes del sueño.

Solo quienes conocen de magia y rituales ejecutan los de poder:

- Atracción
- Dominio
- Riqueza
- Abundancia

- Seducción

Durante estas horas evita:

- Hacer reclamos
- Pedir cuentas
- Fiscalizar o interrogar
- Presionar mentalmente
- Hacer deporte o ejercitarse (no podrás dormir)
- Comer
- Hablar de problemas
- Influir negativamente
- Dejar cosas sin arreglar antes de dormir

Nunca reclames al caer el sol. Nunca exijas cuando la mente se disuelve.

Los rituales de estas horas ayudan a potencializar los deseos. También influyen en la mente de los demás. Son horas especiales para interrogar los oráculos y conocer el porvenir.

También son horas peligrosas, donde se puede hablar de más o tomar decisiones equivocadas.

Los rituales adquieren más poder si se realizan bajo el solsticio de novilunio durante las horas de Oíshe.

Ré

Medianoche (9:00 p.m. a 12:00 a.m.)

"La noche no duerme: conjura."

Cuando el día muere, no todo duerme.
Hay un instante en que el silencio no es paz, sino acecho.
Las sombras no descansan: se organizan.
Los pensamientos no cesan: se retuercen.
Y los sueños no llegan: se esconden.
Es la hora donde la mente se desarma,
y el alma sin defensa se vuelve campo fértil.
Los que saben actúan.
Los que ignoran se entregan.
Entre las 9 y las 12,
no se habla con la voz,
se habla con el deseo.

No se toca con las manos,
se toca con la intención.
Aquí no se conjura para crear.
Se conjura para terminar.
Para cerrar, para cortar, para deshacer.

Si despiertas en Ré:
No preguntes.
No recuerdes.
No repitas.
Solo guarda silencio.
Y deja que el conjuro se funda en tus sueños.

Interpretación mágica

Estas son las horas secretas. Como las matinales, son misteriosas y terribles. Al agonizar el día, los rituales que se ejecutan son para destruir o terminar. Las brujas y magos actúan sobre la psique de quienes duermen, alterando los destinos. Mientras tú sueñas, sin darte cuenta, otros escriben tu mañana.

Estas influencias también se realizan sobre personas cercanas: esposos, hijos, familia, amigos, socios.

Son las peores horas del insomnio. La mente se altera. El sueño no llega. Los pensamientos son agónicos y destructivos. La angustia aparece. El pánico y el miedo se apoderan del espíritu.

* Nunca duermas sin cerrar tu energía.
* Nunca te acuestes sin proteger tu nombre
* Si despiertas en Ré, no hables. No pienses.
* Solo respira y espera que pase
* No dejes espejos sin cubrir si los tienes en tu habitación
* Si golpean a tu puerta, no abras
* Si susurran tu nombre, no contestes
* Si sientes que alguien respira, no mires
* Si sientes sombras en tu lecho, no luches

HORAS PLANETARIAS

Lunes
Día de la Luna

Regente de los sueños, las emociones, los reflejos y los umbrales invisibles.

"Cuando la Luna abre sus párpados de plata, el mundo se vuelve espejo.
Las aguas internas murmuran secretos, y los hilos del destino se tejen en silencio."

Invocación lunar

Oh luna, madre de los ciclos y los suspiros,
tú que deslizas tu luz sobre los abismos del alma, guía este día con tu intuición, tu memoria y tu sombra.

Haz fértil la tierra de los sueños,
y que cada hora sea un reflejo de lo que aún no ha nacido.
En tu nombre consagro este lunes,
para la escucha, la sanación y el retorno a lo profundo.

Secuencia de horas planetarias (Lunes)

00:00	Luna	☽
01:00	Saturno	♄
02:00	Júpiter	♃
03:00	Marte	♂
04:00	Sol	☉
05:00	Venus	♀
06:00	Mercurio	☿
07:00	Luna	☽
08:00	Saturno	♄
09:00	Júpiter	♃
10:00	Marte	♂
11:00	Sol	☉
12:00	Venus	♀
13:00	Mercurio	☿
14:00	Luna	☽
15:00	Saturno	♄
16:00	Júpiter	♃
17:00	Marte	♂
18:00	Sol	☉
19:00	Venus	♀
20:00	Mercurio	☿
21:00	Luna	☽
22:00	Saturno	♄
23:00	Júpiter	♃

Horas lunares del lunes

El eco del subconsciente

"*La Luna no ilumina: refleja. No guía: recuerda. No empuja: abraza.*"

El lunes vibra con la energía lunar:

- Emoción
- Intuición
- Ciclos internos
- Sueños
- Protección suave

Las horas más poderosas son:

- Alba lunar (antes del amanecer)
- Medianoche lunar (cuando la Luna está en su punto más alto)
- Hora del espejo (justo antes del ocaso)

Invocación a la luna
La que escucha sin juzgar

"Oh Luna, madre del reflejo,
Tú que no exiges, pero revelas,
Tú que no juzgas, pero recuerdas,
Tú que vibras en el agua y en el alma,
Te invoco en esta hora para que me devuelvas lo que olvidé."

"Que mis sueños se vuelvan símbolos,
Que mis emociones se vuelvan mapa,
Que mi intuición se despierte sin miedo."

Ritual de la hora lunar

Ideal para lunes por la noche o durante la luna de cuarto creciente.

- Coloca un cuenco con agua y una piedra lunar dentro.
- Enciende una vela blanca o plateada.
- Escribe en papel lo que deseas comprender, no controlar.
- Sumerge el papel en el agua.
- Respira con los ojos cerrados durante 7 ciclos lunares (inhalación suave, exhalación profunda).
- Guarda la piedra lunar bajo la almohada esa noche.

Di:

"Que la Luna me escuche.
Que el agua me revele.
Que el sueño me enseñe."

Martes

Día de Marte

Regente del impulso, la lucha justa, la sangre que despierta y el filo de la decisión.

"**Cuando Marte alza su espada, el alma se pone en marcha.**
No hay tregua en el corazón que arde, ni paz sin conquista interior."

Invocación marcial

Oh, Marte, guardián del fuego y del filo,
tú que enciendes la sangre y despiertas la voluntad,
haz de este día un campo fértil para la acción consciente.

Que cada hora sea una llama que purifica,
una lanza que abre camino.
Una derrota para mis enemigos,
y un poder para mi escudo.

En este, tu día, la gloria obtendré.
En tu nombre consagro este martes,
para la valentía, la defensa del alma y el avance sin temor.

Secuencia de horas planetarias (Martes)

00:00	Marte	♂
01:00	Sol	☉
02:00	Venus	♀
03:00	Mercurio	☿
04:00	Luna	☽
05:00	Saturno	♄
06:00	Júpiter	♃
07:00	Marte	♂
08:00	Sol	☉
09:00	Venus	♀
10:00	Mercurio	☿
11:00	Luna	☽
12:00	Saturno	♄
13:00	Júpiter	♃
14:00	Marte	♂
15:00	Sol	☉
16:00	Venus	♀
17:00	Mercurio	☿
18:00	Luna	☽
19:00	Saturno	♄
20:00	Júpiter	♃
21:00	Marte	♂
22:00	Sol	☉
23:00	Venus	♀

Horas marcianas
El impulso del guerrero

"El fuego no espera.
El guerrero no duda.
El martes no pregunta: actúa."

El martes vibra con la energía de Marte, planeta rojo, dios de la guerra, fuerza activa, impulso vital.

Es el día para cortar, avanzar, proteger, conquistar.

Las horas más potentes son:

- Hora del filo (al amanecer)
- Hora del escudo (al mediodía)
- Hora del pulso (al caer la tarde)

Mito del guerrero silencioso

Se dice que el verdadero guerrero no grita.
Escucha.
No ataca.
Decide.

Las horas marcianas no son para la violencia,
sino para la claridad feroz,
la acción sin culpa,
el avance sin distracción.
En estas horas, el alma se viste de acero,
no para herir,
sino para cortar lo que ya no sirve.

Principios de las horas marcianas

- El impulso no es caos: es dirección
- La fuerza no es agresión: es claridad
- El corte no es ruptura: es liberación
- El avance no es huida: es decisión
- El guerrero no lucha: elige

Ritual del guerrero interior

- Ideal para martes al amanecer o mediodía.
- Coloca una vela roja y una piedra de sangre sobre un altar simple
- Escribe en papel lo que deseas cortar, liberar o conquistar
- Quema el papel mientras visualizas un escudo de luz roja rodeándote
- Golpea el suelo tres veces con la palma abierta

- Respira con fuerza, sin miedo
- Camina tres pasos hacia adelante

Di:

"Que Marte me atraviese sin rabia.
Que el fuego me limpie sin quemar.
Que el corte sea conjuro, no castigo."

Miércoles
Día de mercurio ☿

Regente del pensamiento, la comunicación, los símbolos y los caminos ocultos.

"Cuando Mercurio despierta, los hilos invisibles se tensan.
Las palabras se vuelven llaves, los símbolos se abren, y los caminos se bifurcan.
Hoy se piensa con alas y se habla con intención."

Invocación mercurial

Oh, Mercurio, tejedor de significados,
tú que cruzas los umbrales con sandalias aladas,
guía este día con claridad, astucia y apertura.
Haz que cada hora sea un mensaje, una fórmula, una revelación.
En tu nombre consagro este miércoles,
para el aprendizaje, la comunicación y la alquimia del pensamiento.

Secuencia de horas planetarias (Miércoles)

00:00	Mercurio	♂
01:00	Luna	☉
02:00	Saturno	♀
03:00	Júpiter	☿
04:00	Marte	☽
05:00	Sol	♄
06:00	Venus	♃
07:00	Mercurio	♂
08:00	Luna	☉
09:00	Saturno	♀
10:00	Júpiter	☿
11:00	Marte	☽
12:00	Sol	♄
13:00	Venus	♃
14:00	Mercurio	♂
15:00	Luna	☉
16:00	Saturno	♀
17:00	Júpiter	☿
18:00	Marte	☽
19:00	Sol	♄
20:00	Venus	♀
21:00	Mercurio	☿
22:00	Luna	☽
23:00	Saturno	♄

Miércoles
El día del mensajero

"Mercurio no empuja: conecta.
No grita: transmite.
No impone: revela."

El miércoles vibra con la energía de Mercurio, planeta del movimiento, la palabra, la mente y los caminos.

Es el día para escribir, hablar, aprender, negociar, traducir, y, sobre todo: escuchar entre líneas.

Las horas más potentes son:

- Hora del Vínculo (al amanecer)
- Hora del Mensaje (al mediodía)
- Hora del Eco (al caer la tarde)

Mito del puente invisible

Se dice que Mercurio fue el único que cruzó todos los mundos sin detenerse.
Que robó fuego a los dioses,
y lo convirtió en palabra.

El miércoles no es día de fuerza,
sino de flujo.
No es día de conquista,
sino de transmisión.

Es el momento en que el alma puede recibir mensajes,
descifrar símbolos,
y traducir lo invisible en forma.

Principios del miércoles

- El lenguaje no es forma: es conjuro
- El movimiento no es huida: es alquimia
- El mensaje no es contenido: es vibración
- El vínculo no es unión: es resonancia
- El pensamiento no es juicio: es mapa

Ritual mercurial

Ideal para miércoles al amanecer o mediodía.

- Coloca una vela azul y una pluma sobre un cuaderno en blanco
- Escribe sin pensar durante 7 minutos lo que tu alma desea decir

* Lee en voz baja lo escrito, como si fuera un conjuro
* Dobla la hoja y colócala bajo una piedra de ágata o cuarzo azul
* Respira mientras visualizas un puente entre tu mente y tu intuición

Di:

"Que Mercurio me atraviese sin ruido.
Que el mensaje me encuentre sin forma.
Que el puente se trace sin miedo."

Horas planetarias
Jueves
Día de Júpiter

Regente de la expansión, la sabiduría, la justicia y la abundancia.

"Cuando Júpiter se alza, el mundo se ensancha.
Las palabras se vuelven decreto, y los actos, legado.
Hoy se siembra con fe, se habla con autoridad, y se recibe con gratitud."

Invocación joviana

Oh, Júpiter, guardián del saber y del destino,
tú que bendices con justicia y elevas con propósito,
guía este día con generosidad, visión y poder.

Haz que cada hora sea una puerta hacia lo alto, una semilla de abundancia.

En tu nombre consagro este jueves,
para la enseñanza, la protección y el florecimiento del alma.

Secuencia de horas planetarias (Jueves)

00:00	Júpiter	♃
01:00	Marte	♂
02:00	Sol	☉
03:00	Venus	♀
04:00	Mercurio	☿
05:00	Luna	☽
06:00	Saturno	♄
07:00	Júpiter	♃
08:00	Marte	♂
09:00	Sol	☉
10:00	Venus	♀
11:00	Mercurio	☿
12:00	Luna	☽
13:00	Saturno	♄
14:00	Júpiter	♃
15:00	Marte	♂
16:00	Sol	☉
17:00	Venus	♀
18:00	Mercurio	☿
19:00	Luna	☽
20:00	Saturno	♄
21:00	Júpiter	♃
22:00	Marte	♂
23:00	Sol	☉

Jueves
El día del expansor

"*Júpiter no domina: bendice.*
No impone: eleva.
No exige: revela propósito."

El jueves vibra con la energía de **Júpiter**, planeta de la expansión, la fortuna justa, la sabiduría profunda y la protección espiritual.

Es el día para consagrar, enseñar, sembrar visión, abrir caminos y sellar pactos con lo divino.

Las horas más potentes son:

- **Hora del Templo** (al amanecer)
- **Hora del Juicio Justo** (al mediodía)
- **Hora de la Bendición Silenciosa** (al caer la tarde)

Mito del maestro que no habla

Se dice que Júpiter no enseña con palabras,
sino con presencia.
Que su expansión no es ruido,

sino **resonancia**.
El jueves no es día de conquista,
sino de **consagración**.
No es día de impulso,
sino de **propósito sembrado**.

Es el momento en que el alma puede elevar su visión,
alinearse con su destino,
y recibir la bendición que no pide,
pero merece.

Principios del jueves

☽◯☾ La expansión no es exceso: es alineación
☽◯☾ La fortuna no es azar: es resonancia justa
☽◯☾ La sabiduría no es contenido: es presencia
☽◯☾ El maestro no enseña: recuerda
☽◯☾ El templo no impone: sostiene

Ritual de consagración jupiteriana

Ideal para jueves al amanecer o mediodía.

* Coloca una vela azul y una piedra de lapislázuli sobre un altar elevado

- Escribe en papel tu propósito más elevado, sin adornos
- Léelo en voz baja frente al fuego, sin pedir nada
- Dobla el papel y colócalo bajo la piedra
- Respira con gratitud, no con deseo
- Camina en círculo tres veces, como si sembraras tu visión

Di :

"Que Júpiter me eleve sin ruido.
Que la expansión me encuentre sin prisa.
Que el propósito se recuerde sin miedo."

Viernes
Día de Venus ♀

Regente del amor, la belleza, la armonía y los vínculos sagrados.

"Cuando Venus sonríe, el mundo se suaviza.
Las palabras se vuelven caricias, los gestos encantan, y el deseo se convierte en puente.
Hoy se honra lo bello, lo justo, lo que une."

Invocación venusina

Oh, Venus, madre del encanto y del lazo invisible,
tú que haces florecer el corazón y embelleces el alma, guía este día con dulzura, magnetismo y armonía.

Haz que cada hora sea un suspiro encantado,
una danza entre lo que se busca y lo que se encuentra.
En tu nombre consagro este viernes,
para el amor, la reconciliación y la creación de lo bello.

Secuencia de horas planetarias (Viernes)

00:00	Venus	♀
01:00	Mercurio	☿
02:00	Luna	☽
03:00	Saturno	♄
04:00	Júpiter	♃
05:00	Marte	♂
06:00	Sol	☉
07:00	Venus	♀
08:00	Mercurio	☿
09:00	Luna	☽
10:00	Saturno	♄
11:00	Júpiter	♃
12:00	Marte	♂
13:00	Sol	☉
14:00	Venus	♀
15:00	Mercurio	☿
16:00	Luna	☽
17:00	Saturno	♄
18:00	Júpiter	♃
19:00	Marte	♂
20:00	Sol	☉
21:00	Venus	♀
22:00	Mercurio	☿
23:00	Luna	☽

Sábado
Día de Saturno ♄

Regente del tiempo, la estructura, la sabiduría y los límites sagrados.

"Donde Saturno pisa, el ruido se aquieta.
El alma se enfrenta a su sombra, y el ritual se vuelve piedra.
Hoy se honra lo que perdura,
lo que exige, lo que revela."

Invocación saturnina

Oh, Saturno, anciano de los anillos
y las puertas selladas, tú que custodias
el tiempo y las pruebas,
guía este día con firmeza, con silencio,
con verdad.
Haz que cada hora sea un peldaño hacia la sabiduría, un pacto con lo esencial.

En tu nombre consagro este sábado, para la protección, el cierre y el contacto con lo eterno.

Secuencia de horas planetarias (Sábado)

00:00	Saturno	♄
01:00	Júpiter	♃
02:00	Marte	♂
03:00	Sol	☉
04:00	Venus	♀
05:00	Mercurio	☿
06:00	Luna	☽
07:00	Saturno	♄
08:00	Júpiter	♃
09:00	Marte	♂
10:00	Sol	☉
11:00	Venus	♀
12:00	Mercurio	☿
13:00	Luna	☽
14:00	Saturno	♄
15:00	Júpiter	♃
16:00	Marte	♂
17:00	Sol	☉
18:00	Venus	♀
19:00	Mercurio	☿
20:00	Luna	☽
21:00	Saturno	♄
22:00	Júpiter	♃
23:00	Marte	♂

Sábado
El día del velo y la estructura

"Saturno no da: exige.
No abre: delimita.
No guía: confronta."

El sábado vibra con la energía de Saturno, planeta de la disciplina, la ley oculta, el tiempo profundo y los límites inevitables. Es el día para cerrar ciclos, establecer fronteras, desterrar lo que ya no sirve, y enfrentar lo que se ha evitado.

Las horas más potentes son:

- **Hora del Umbral** (al amanecer)
- **Hora del Límite** (al mediodía)
- **Hora del Silencio Estructural** (al anochecer)

Mito del guardián del velo

Se dice que Saturno no castiga,
solo revela lo que no se ha querido ver.
Que su energía no es fría,
sino justa.

El sábado no es día de expansión,
sino de estructura profunda.
No es día de deseo,
sino de confrontación ritual.

Es el momento en que el alma puede ordenar su caos,
cerrar puertas abiertas por descuido,
y sembrar límites que no encierran,
sino protegen.

Principios del sábado

- ☽○☾ El límite no es prisión: es protección
- ☽○☾ El silencio no es vacío: es estructura
- ☽○☾ El tiempo no es enemigo: es maestro
- ☽○☾ La disciplina no es castigo: es conjuro
- ☽○☾ El umbral no es cierre: es tránsito consciente

Ritual de estructura saturnina

Ideal para sábado al anochecer o al amanecer.

☽○☾ Coloca una vela negra o violeta sobre una superficie de piedra.

- Escribe en papel lo que deseas cerrar, desterrar o delimitar.
- Dobla el papel en cuatro y colócalo bajo una piedra oscura (obsidiana, hematita).
- Respira en silencio durante 9 ciclos, sin pedir.
- Camina en línea recta durante 7 pasos, sin mirar atrás.

Di:

"Que Saturno me revele lo que debo cerrar.
Que el límite me proteja sin miedo.
Que el tiempo me enseñe sin juicio."

Domingo
Día del Sol ☉

Regente del propósito, la vitalidad, la soberanía y la luz interior.

"El Sol no pregunta si debe brillar.
Su presencia basta para ordenar los mundos.
Hoy se honra el centro, el propósito, la llama que no se apaga."

Invocación solar

Oh Sol, corazón del cielo y del alma,
tú que revelas, que nutres, que enciendes,
guía este día con claridad, con fuerza, con visión.
Haz que cada hora sea un acto de soberanía,
una afirmación del ser.

Purifica mi alma con tu dorado resplandor.
En tu nombre consagro este domingo,
para la iluminación, el propósito y la celebración del espíritu.

Secuencia de horas planetarias (Domingo)

00:00	Sol	☉
01:00	Venus	♀
02:00	Mercurio	☿
03:00	Luna	☽
04:00	Saturno	♄
05:00	Júpiter	♃
06:00	Marte	♂
07:00	Sol	☉
08:00	Venus	♀
09:00	Mercurio	☿
10:00	Luna	☽
11:00	Saturno	♄
12:00	Júpiter	♃
13:00	Marte	♂
14:00	Sol	☉
15:00	Venus	♀
16:00	Mercurio	☿
17:00	Luna	☽
18:00	Saturno	♄
19:00	Júpiter	♃
20:00	Marte	♂
21:00	Sol	☉
22:00	Venus	♀
23:00	Mercurio	☿

Domingo
El día del maestro del alba

"El sol no demanda: inspira.
No ciega: ilumina.
No ordena: revela esencia."

El domingo vibra con la energía del Sol, fuente de vitalidad, claridad y poder interior.

Es el día para nacer, agradecer, sanar con la palabra, iluminar al mentor, y crear desde el alma.

Las horas más potentes son:

- **Hora del Mentor** (al amanecer)
- **Hora de la Revelación** (al mediodía)
- **Hora del Puro Agradecimiento** (al atardecer)

MITO DEL HOMBRE QUE NO DEMANDA

Se dice que el Sol no exige,
sino que recuerda quién eres.
El domingo no es día de juicio,
sino de luz y claridad gentil.

No es día de opulencia,
sino de generosidad sin espectáculo.
Es el momento en que el alma puede elevar su fuego,
sonreír ante el misterio sin respuesta,
y comenzar, cada vez, como si naciera en ese instante.

Principios del domingo

* El agradecimiento no pide: ofrece
* La inspiración no fuerza: despierta
* La claridad no impone: manifiesta
* El mentor no alecciona: ilumina
* El alba no ordena: da nacimiento

Ritual de cierre semanal
El sello del ciclo

Preparación

Realízalo al final del domingo, idealmente entre las horas solares (☉) o lunares (☽).

- Enciende una vela blanca o dorada.
- Ten cerca:
- Un cuenco con agua
- Una piedra negra (Saturno)
- Una flor (Venus)
- Algo que represente tu propósito (Sol)

Ritual

Respira profundo.
Siente cómo cada día de la semana vive en tu cuerpo:

- Lunes (☽): lo que sentiste
- Martes (♂): lo que enfrentaste
- Miércoles (☿): lo que comunicaste
- Jueves (♃): lo que expandiste
- Viernes (♀): lo que amaste

- Sábado (♄): lo que comprendiste
- Domingo (☉): lo que iluminaste

Toca el agua.
Di: "**Purifico lo vivido. Lo dejo fluir.**"
Toca la piedra.
Di: "**Sello lo aprendido. Lo dejo sembrado.**"
Toca la flor.
Di: "**Honro lo amado. Lo dejo florecer.**"
Toca tu símbolo solar.
Di: "**Reclamo mi centro. Lo dejo brillar.**"

Cierra los ojos.

Visualiza los siete planetas girando en torno a ti, como guardianes. Siente que el ciclo se completa, no como final, sino como espiral.

Bendición final

"Que la semana que termina se convierta en raíz.
Que la que comienza brote con propósito.
Que los planetas me guíen, me reten, me abracen.
Que yo sea fiel a mi centro, y generoso con mi luz."

Planetas y sus secretos

El lenguaje celeste

"Cada planeta es un espejo del tiempo. Cada hora, una puerta."

Desde la antigüedad, el hombre observaba las estrellas y los planetas. A cada uno le reconoció dentro del misterio cualidades, símbolos y representaciones, asociándolos con dioses celestes.

Las horas de las brujas poseen conexiones con cada planeta. No como influencia sobre el designio de los hombres, sino como significado de los cambios en la vida.

Cada planeta representa al tiempo: luz y sombra. A su vez, rige determinadas horas y días, de acuerdo con su aparición y desaparición en las horas crepusculares.

Cada planeta viene acompañado de una invocación, un amuleto y un himno. Al ejecutar cualquier acción u operación mágica, dependiendo de la hora, se invoca al planeta regente.

Cada bruja, mago, aprendiz, hierofante, sacerdote o sacerdotisa debe convertirse en un Éreboquista: conocedor de la luz y las sombras.

De esta forma, puede identificarse de acuerdo con su intuición, los días y las horas donde las vibraciones le sean benéficas.

Al tener en claro en qué días su vibración es mayor y crear una rutina, su poder aumentará exponencialmente.

También se deben conocer las horas de la suerte. Para hacerlo, se requiere conocerse:

- En qué momentos su energía fluye
- En qué momentos se recoge
- En qué momentos su pensamiento cambia

De forma instintiva, todos los seres tienen como agüero determinadas horas, días de la semana y meses.

☽ Luna
La madre del cambio

"La que cabalga el cielo nocturno en su carro plateado."

Diosa de la luz suave, los sueños, los ciclos y los misterios femeninos.
Hermana de Artemisa, pero más antigua, más cósmica.
Su poder es el del reflejo, la intuición, la memoria líquida.

La Luna y la mujer están fuertemente unidas en el menstruo, el mes lunar o sinódico. Símbolo de fertilidad, muerte y renacimiento.

☽ Selene
Invocación

Selene, hija de los cielos nocturnos,
tú que deslizas tu carro de plata sobre los sueños,
ven con tu luz suave, envuélveme en tu manto de reflejos.

Haz que la memoria despierte, que el ciclo se cumpla, que la intuición sea mi guía en la noche sin nombre.

Amuleto lunar de brujas

Un disco de plata con una espiral grabada, envuelto en tela azul.

Consagrado en la hora lunar, bajo el primer cuarto creciente (cerca de la noche de Samhain). Puede llevarse al cuello o colocarse bajo la almohada para sueños proféticos.

Influencias Lunares

"*La Luna vibra tanto en la luz como en la oscuridad.*"

Luz

La Luna es receptiva, intuitiva, protectora. Su poder es el del útero, el sueño, la memoria emocional.

Ella guarda los secretos del agua y del reflejo. Despeja lo escondido, abre los senderos que habitan en el interior del inconsciente individual y colectivo.

Su poder crece en las noches de cuarto creciente, cuando aparece la luz cenicienta.

Simbolismo: El espejo, el cáliz, la marea, la bola de cristal, la plata, los anillos, las perlas.

Estos objetos, si son conjurados en la noche de luna llena, adquieren el poder y la influencia lunar.

Piedras: Piedra lunar, selenita
Perfumes: Jazmín, mirra, loto

Sombra

La Luna también es ilusión, confusión, manipulación emocional.

Puede envolver en niebla, en ciclos sin salida, en nostalgia paralizante.

Es la celestina de los amantes, esconde el lado oscuro del espíritu, abriga los fantasmas, despierta los vampiros.
Es la causante de las múltiples personalidades, la transformación, la memoria episódica, la venganza y la justicia.

Simbolismo: El velo, el laberinto, el eco, las puertas, lo oscuro, lo lúgubre y misterioso, lo embrujado y transformador, la muerte.

Oración a Selene

Selene, madre del susurro y del velo,
tu rostro cambia y nunca miente.
Guíanos por los mares del alma,
donde la sombra es semilla y la luz es espejo.

Dadme la sabiduría y la intuición para revelar lo escondido.
Muéstrame el sendero que lleva al mundo desconocido de mi otro yo.
Sé mi faro en las noches,
sé mi oscuridad en mis días.
Dótame de tu fuerza celestina
y hazme invisible a mis enemigos,
cubierto de tu poder celestial.

Todas las mujeres que se dediquen a las viejas artes mágicas deben conocer los ciclos lunares y los cambios menstruales.

Es importante para saber cuándo actuar o cuándo no hacerlo.

Se recomienda la lectura del libro ***El Poder del Menstruo.*** La Luna es el planeta con el cual se genera la mayoría de los rituales de poder. (***Véase el libro Fases Lunares***)

♂ Marte
El guerrero del umbral

"El rugido no piensa: corta."

Ares

El dios de la guerra cruda, del impulso sin diplomacia. No es el estratega: es el rugido, la sangre, la pasión que arde. Ares representa el conflicto necesario, el deseo que no se disculpa.

Su poder es el del corte, la defensa, la afirmación feroz.

Invocación

Ares, rugido del cosmos,
tú que portas la lanza y el grito,
despierta en mí la fuerza que no teme,
el fuego que corta, la voluntad que arde.
Hazme firme, hazme libre, hazme feroz.

Amuleto

Un clavo de hierro envuelto en hilo rojo,
consagrado con fuego y aceite de pimienta.
Se lleva en la cintura o se entierra en la entrada de casa para protección.

Oración

Ares, señor del pulso y del filo,
tu paso retumba en la sangre.
Haz del miedo un escudo,
y del deseo, una espada que no se quiebra.
Dame la fuerza y yo me encargo de luchar.
Dame tu brillo y yo me encargo de iluminar.
Dame tus secretos de guerrero.
En la batalla te invocaré,
y contigo, ningún enemigo vencerme podrá.

Luz

Marte es acción, coraje, impulso vital.
Es el fuego que inicia, la espada que corta lo falso.
Su poder limpia, defiende, afirma.
Simbolismo: La lanza, el tambor, la llama.

Piedras: Hematita, granate
Perfumes: Pimienta negra, clavo, romero

Sombra

Marte también es violencia, ira, destrucción ciega.

Puede quemar sin propósito, herir sin causa, dominar sin alma.

Simbolismo: La herida, el grito, la ceniza

☿ mercurio
El mensajero de los cruces y dioses

"La palabra no camina: vuela."

Hermes

El mensajero alado, el dios de los caminos, los comerciantes, los ladrones y los magos.

Hermes es el que cruza mundos, el que habla con los muertos, el que inventa el alfabeto del alma.

Su poder es el del movimiento, la palabra encantada, la astucia sagrada.

Invocación

Hermes, corredor entre mundos,
tú que hablas con los muertos y los sabios,
abre los caminos, revela los signos,
haz que la palabra sea puente y conjuro.
Que mi voz sea clara,
que mi mente sea veloz.

Amuleto

Una pequeña llave de bronce con alas grabadas, consagrada al amanecer del miércoles, con incienso de mirra y laurel.

Se lleva en el bolsillo o se coloca sobre textos sagrados.

Oración

Hermes, danza del mensaje y del truco,
tus sandalias tocan el aire y el abismo.
Guíanos por senderos ocultos,
donde el saber se disfraza y la magia se ríe.

Luz

Mercurio es mente, palabra, conexión.

Es el dios de los caminos, el que traduce, el que negocia. Su poder abre puertas y revela patrones.

Simbolismo: El bastón alado, el mapa, el sello
Piedras: Ágata, fluorita
Perfumes: Menta, eucalipto, lavanda

Sombra

Mercurio también es engaño, distracción, superficialidad.

Puede confundir con palabras vacías, dispersar la voluntad, mentir con encanto.

Simbolismo: El truco, el humo, el espejo roto

♃ Júpiter
El rey del umbral dorado

"El decreto no se discute: se honra."

Zeus, el padre del cielo, el portador del rayo, el que ordena desde lo alto.

Zeus es autoridad, expansión, protección y juicio.

Su poder es el del decreto, la bendición, la ley cósmica.

Invocación

Zeus, padre del rayo y del orden,
tú que hablas desde las alturas,
derrama tu juicio sobre mi caos,
bendice mi palabra, expande mi visión.
Hazme justo, hazme sabio, hazme vasto.

Amuleto

Un fragmento de madera de roble con un rayo tallado, consagrado en jueves con vino y fuego.

Se coloca en el altar o se lleva como colgante.

Oración

Zeus, voz del trueno y del decreto,
tu mirada pesa como ley.
Haz del caos cosmos,
y del deseo, destino.

Luz

Júpiter es expansión, sabiduría, bendición.
Es el protector, el maestro, el que da sentido.
Su poder eleva, ordena, multiplica.

Simbolismo: El cetro, el libro abierto, el rayo
Piedras: Lapislázuli, amatista
Perfumes: Incienso, canela, naranja
Sombra

Júpiter también es exceso, dogma, arrogancia.

Puede inflar el ego, imponer verdades, ocultar la sombra bajo brillo.

Simbolismo: El trono vacío, el juicio, el oro falso

♀ Venus
La tejedora del deseo

"El deseo no se explica: se siente."

Afrodita, la nacida de la espuma, la que seduce con solo existir.

No es solo belleza: es magnetismo, fertilidad, poder de atracción.

Su poder es el del vínculo, la creación artística, la armonía encantada.

Invocación

Afrodita, espuma del deseo,
tú que haces temblar el corazón y el arte,
ven con tu perfume, tu tacto, tu canto.
Haz que el amor sea puente,
que la belleza sea conjuro,
que el vínculo sea eterno.

Amuleto

Una concha marina con pétalos secos de rosa, consagrada en viernes con miel y música.
Se guarda en una bolsita de seda junto al corazón.

Oración

Afrodita, danza del alma y del cuerpo,
tu risa es hechizo y tu mirada, altar.
Haz del encuentro un templo,
y del arte, un espejo del deseo.

Luz

Venus es belleza, unión, placer.
Es la diosa del arte, del tacto, del vínculo.
Su poder suaviza, atrae, armoniza.
Simbolismo: El espejo, la rosa, el lazo
Piedras: Cuarzo rosa, esmeralda
Perfumes: Rosa, vainilla, ylang-ylang

Sombra

Venus también es seducción vacía, dependencia, superficialidad. Puede envolver en deseo sin alma, en estética sin verdad.

Simbolismo: El perfume sin cuerpo, el anhelo que no toca

♄ Saturno
El guardián del umbral final

"El límite no encierra: *revela.*"

Cronos, el devorador del tiempo, el padre de los dioses, el que define con su sombra.

Cronos es estructura, prueba, sabiduría que se gana con años.

Su poder es el del sello, la disciplina, la memoria ancestral.

Invocación

Cronos, guardián del umbral,
tú que marcas los límites y las pruebas,

ven con tu peso, tu silencio, tu sabiduría.
Haz que el tiempo sea maestro,
que la estructura sea templo,
que la espera sea bendición.

Amuleto

Un anillo de plomo con una runa de cierre, consagrado en sábado con tierra y sal.
Se lleva en el dedo medio o se entierra en el jardín para protección ancestral.

Oración

Cronos, sombra del reloj y del hueso,
tu paso es lento y eterno.
Haz del límite un portal,
y del dolor, una semilla de oro.

Luz

Saturno es estructura, sabiduría, protección. Es el anciano que enseña con pruebas, el que da forma al alma. Su poder es el del sello, del tiempo, del límite sagrado.

Simbolismo: El anillo, la piedra, el reloj sin manecillas

Piedras: Ónix, obsidiana, turmalina negra
Perfumes: Ciprés, vetiver, incienso seco

Sombra

Saturno también es rigidez, miedo, bloqueo.

Puede encerrar, congelar, hacer del deber una prisión.

Simbolismo: La cadena, el muro, la sombra larga.

☉ Sol
El Corazón Del Cielo

"El centro no se busca: se enciende."

Helios, el conductor del carro solar, el ojo que todo lo ve.

Helios es claridad, visión, propósito y fuego divino. Su poder es el de la revelación, la soberanía, el centro que irradia.

Invocación

Helios, ojo del día,
tú que conduces el carro de fuego,
ven con tu luz, tu claridad, tu propósito.
Haz que mi centro brille,
que mi voluntad se alce,
que mi camino se encienda.

Amuleto

Un disco dorado con un punto central, consagrado al mediodía con luz directa y aceite de girasol.

Se coloca en el altar o se lleva sobre el plexo solar.

Oración

Helios, llama que no se apaga,
tu mirada revela y purifica.
Haz del yo un sol,
y del día, un canto de poder.

Luz

El Sol es propósito, claridad, vitalidad.
Es el centro que irradia, el fuego que da vida.
Su poder revela, afirma, guía.

Simbolismo: El círculo, la corona, el faro
Piedras: Citrino, ojo de tigre, oro
Perfumes: Bergamota, sándalo, heliotropo

Sombra

El Sol también es orgullo, tiranía, quemadura.
Puede cegar con luz, exigir adoración, negar la sombra.

Simbolismo: El sol negro, el reflejo que no deja ver.

Guía del practicante ereboquista

Iniciación en la sombra
El nacimiento del ereboquismo

"Antes de que haya forma, hay sombra.
Antes de que haya palabra, hay silencio.
Antes de que haya doctrina, hay descenso.
Antes del universo, oscuridad.
Antes de ti, espíritu."

Érebo, hijo del Caos, es la oscuridad primordial.
No la oscuridad como ausencia, sino como matriz.

Junto a Nix, la Noche, engendra el Día y la Luz.
Así comienza la paradoja: la luz nace de la sombra.

El mundo visible, del velo invisible.
Los Éreboquistas no son adoradores del abismo.
Son cartógrafos del reverso.
Practican la inversión, no como negación, sino como revelación.

Para ellos, Érebo no es un dios olvidado, sino un principio activo:

el que enseña que toda luz tiene raíz, y que toda raíz se hunde en lo invisible.

Su filosofía se nutre de la teogonía griega, del simbolismo órfico, y de las prácticas silenciosas que han sobrevivido en los márgenes de la historia.

Son herederos de los que escriben al revés, oran en susurros, y entierran sus talismanes para que germinen en la noche.

Este capítulo final no es una conclusión.
Es una iniciación.
Aquí comienza el camino del practicante.
Aquí se aprende a mirar con los ojos cerrados.
Aquí ves lo invisible.
Aquí descubres tu otro yo.

El llamado del érebo

"Quien desciende con los ojos abiertos, asciende con la mirada transformada."
Una noche, en el vacío del silencio, pensarás:
¿Qué son las sombras que se mueven en la oscuridad?
¿Quién las rige? ¿A quién o a qué obedecen?

Tal vez hayas sentido su presencia,
cuando sin aliento te despiertas paralizado de miedo.

Pero al tiempo sientes el llamado a la oscuridad y el misterio.
Apagas la luz, sientes la penumbra,
descubres la luz interior que solo se revela cuando los crepúsculos despiertan.

Buscas la soledad aún en la luz.
Tratas de aislarte, y tu mente también viaja al mundo de tus tinieblas.
Es el llamado de Érebo.

No lo ves, pero lo sientes.
Percibes en tu alma la presencia.
Descubres el lenguaje oculto de las sombras.

Tu intuición te habla:
son los presentimientos y corazonadas,
el eco sombrío del porvenir.

La oscuridad de Érebo es tu conciencia,
tu poder, tu lado revelador que yace oculto.
Es el secreto, lo escondido, lo invisible, lo ausente pero presente.

Es el otro lado del brillo de la luna.

Los seres noctámbulos

"El oficio del Éreboquista: los hijos del silencio."

"Cada sombra que perciben,
cada pensamiento que influyen
responde a los siete principios del Érebo.
No actúan: vibran."

La ausencia de la luz no es ausencia de vida.
Al contrario, es donde nacen y se tejen los destinos.

Al igual que la penumbra invernal,

la vida se abre camino en las profundas oscuridades del útero de la tierra.
El Éreboquista es noctámbulo.
Siente, ve sin ver, percibe los sutiles movimientos.
Ve con su sentir, escucha con su alma.
Aprende a descubrir que,
a la falta de luz,
se estimulan otros profundos sentidos.

Solo quienes se sienten atraídos
y no temen la oscuridad,
descubren el poder.
Al hacerlo y deambular en la noche,
influyen a distancia sobre los que duermen
y temen a las sombras.

- Programan otras mentes
- Dominan los espacios
- Influyen sobre los pensamientos
- Atraen o alejan
- Sus rituales mágicos poseen mayor poder
- Se amparan en el misterio
- Viven en el misterio
- No se dejan influir
- Se mantienen herméticos

- Logran el poder de avanzar y triunfar
- Son solitarios

Quienes viven en las sombras
y aprenden su lenguaje,
logran obtener mayores beneficios y fuerza
que quienes viven en la luz, presumiendo sus logros.

No buscan luz. La llevan dentro.
No temen la sombra. La habitan.
No se muestran. Se manifiestan.

Significados de las sombras según su dirección

Entrenamiento
Las horas y las sombras

"Las sombras no engañan: revelan
lo que la luz no alcanza."

Aprende a leer las sombras y sus mensajes. Para esto, debes tener una fuente de luz. Una vela es excelente para comprender cómo funcionan.

Busca un pequeño muñeco.

En un lugar oscuro, prepara un pequeño altar: coloca la vela en el centro y comienza a trabajar. Verás que la sombra de la propia vela se encuentra en su base.

Ahora toma el muñeco y observa:

- Si lo colocas adelante, dejando la vela entre tú y él: ¿dónde ves su sombra?
- Si lo colocas entre tú y la vela: ¿dónde ves la sombra?
- Si lo colocas a la derecha: ¿dónde ves la sombra?
- Si lo colocas a la izquierda: ¿dónde ves la sombra?

Imagina ahora un reloj alrededor de la vela.

Sin mover el muñeco, solo con tu imaginación, piensa en cómo se refleja la sombra de acuerdo con los 60 minutos.

Luego, hazlo. Ve colocando el muñeco en cada minuto y observa cómo cambia la sombra.

Aleja el muñeco de la vela y mira cómo la sombra se alarga o se acorta, dependiendo de la distancia de la fuente de luz.

Ahora imagina el sol y la luna llena, y observa hacia dónde van las sombras dependiendo de las horas.

Rueda simbólica del día
Horas de las brujas

"Cada hora es un umbral.
Cada sombra, una señal."

⁕ 3:00 AM — La Boca del Abismo
Energía: Revelación en la oscuridad
Acción: Escribe lo que no te atreves a decir

⁕ 6:00 AM — El Aliento del Alba
Energía: Renacimiento, claridad
Acción: Medita con la luz naciente

⁕ 9:00 AM — El Martillo Solar
Energía: Voluntad, construcción
Acción: Define tu intención del día

⁕ 12:00 PM — El Trono del Fuego
Energía: Poder, manifestación
Acción: Realiza un acto de afirmación

⁕ 3:00 PM — El Espejo Dorado
Energía: Reflexión, belleza
Acción: Observa sin juicio, embellece tu altar

✷ 6:00 PM — La Puerta Carmesí
Energía: Deseo, transición
Acción: Enciende una vela por lo que anhelas

✷ 9:00 PM — El Manto de la Noche
Energía: Protección, recogimiento
Acción: Cierra ciclos, escribe tus sueños

✷ 12:00 AM — El Silencio del Umbral
Energía: Misterio, conexión con lo invisible
Acción: Invoca, escucha, deja que te hablen

La mente como sombra

"La mente es una sombra perpetua que habita dentro de ti."

En ella no hay luz.
Pero allí están todos tus recuerdos, tu forma de ser, tus deseos, tus secretos.
La magia y el poder de tu espíritu moran en esa eterna oscuridad.

◀ LA SOMBRA A LA IZQUIERDA

Representa lo reprimido, lo femenino oculto, lo intuitivo no escuchado. Es el susurro ancestral, la voz de las brujas, el linaje olvidado.

* La dualidad: dos seres en una sola persona
* La intimidad secreta, la transformación
* El miedo a hablar y expresar lo que se siente
* Gran capacidad multiplicadora
* Mente concentrada y dinámica
* Poderes ocultos adormecidos
* Temperamento cambiante y posesivo
* Deseos profundos e impublicables

Cuando la sombra se posa a tu izquierda, es señal de que el pasado quiere hablar.

▶ LA SOMBRA A LA DERECHA

Simboliza lo prohibido que seduce, lo masculino distorsionado, el deseo que no se reconoce.

* El impulso que se niega
* La acción que se teme

- El secreto que atormenta
- La codicia que se alimenta
- La fuerza oculta, lo intrigante
- La tentación disfrazada
- La estrategia, el encanto hipnótico
- El deseo oculto que se libera

Cuando la sombra se posa a tu derecha, es señal de que el futuro exige decisión.

▸▸ La sombra adelante

Es el miedo proyectado, la imagen del yo que no se acepta, el porvenir sombrío.

- El espejo del destino si no se transforma
- El punto del no retorno
- La decisión en suspenso
- El sendero no andado
- El miedo al cambio
- El terror al pasado
- La carga del ayer que limita
- El conflicto entre quedarse o renunciar

Cuando la sombra se proyecta hacia adelante, es porque el camino aún no se ha purificado.

◂◂ La sombra atrás

Es la culpa, el eco de lo no resuelto, el karma que sigue tus pasos.

La sombra que no ves, pero que te guía desde lo no dicho

* El destino atrapado
* Lazos irrompibles
* Ciclos interminables de abandono
* Rutinas incesantes que atrapan el ayer
* El atardecer que no ha muerto
* El mañana que se fue
* La noche que se perdió en el pasado

Es un final sin comienzo,
un adiós sin despedida,
un grito que no se oye,
un vacío que está lleno.

Cuando la sombra te sigue desde atrás,
es porque algo olvidado aún te pertenece.

Las sombras que se desplazan

Las sombras no engañan: revelan lo que la luz no alcanza. Estas son las entidades del Érebo: pensamientos vivos, formas que buscan cuerpo.

No están fijas. Se mueven entre planos, emociones, decisiones. Son presentimientos, cambios de energía, gestos invisibles que alteran el curso.

Cuando las sombras se desplazan, es porque el Érebo está activo.

Algo quiere manifestarse.
Los monstruos, fantasmas, entidades, salen de noche.
Vampiros y muertos que regresan.

Son los habitantes de la penumbra, pensamientos abandonados de dolor, miedo, incertidumbre.
Son los destinos que no se han parido.

El futuro lejano.
Los senderos sin huellas.
La flor que brilla en la rama seca.

Las sombras que danzan cuando la flama de la vela se estremece,
son guardianas del alma, guerreras y actrices del teatro de la vida.

No son malas ni buenas.
Emergen y se nutren del corazón.
Las sombras danzantes y benévolas te muestran:

Lo que temes perder, hace mucho tiempo se ha marchado.
Lo que temes perder, ya se ha ido.
Solo cuando hablas con tus sombras, descubres el vacío y encuentras la luz.
Se mueven entre planos, mensajeras de los sueños y de Érebo,
trayendo señales desde lo invisible.

Cuando la flama tiembla,
cuando el aire cambia,
cuando el corazón se agita sin razón…
No es amenaza: es presencia.

Filosofía de érebo

Los Éreboquistas obedecen a la oscuridad.

Viven en el mundo de las tinieblas, donde comprenden los principios actuantes de la existencia del Todo.

Una vieja filosofía forjada en el inframundo,

donde Hades muestra el sendero del poder entre la vida y la muerte.

Para comprender la profunda filosofía de la oscuridad,

se debe conocer el universo de las sombras.

Cada noche, en los sueños, se desciende al inframundo,

donde Hipnos (sueño) y Tanatos (muerte) danzan con Érebo (oscuridad) y Nix (noche).

Comprender la penumbra es conocer los seres que rigen el cristalino sin forma ni espacio.

Dentro de ellos comulgan las sombras que visitan el plano material,

aunque existan eternamente en el éter oscuro de las tinieblas.

Érebo

Dios de la oscuridad primordial

"*El espacio anterior a la forma. La nada. El útero del misterio.*"

Érebo permite la oscuridad mental que lleva a la concentración y serenidad.

Despierta la intuición, el poder y la fuerza de las sombras. Rige el velo entre lo real y lo irreal.

Es la ilusión que se proyecta y se recrea, para luego desvanecerse en la nada.

Se debe invocar en las horas crepusculares,
cuando se vaya a operar mágicamente con las sombras.

Invocación a Érebo

Oh Érebo, tú que no tienes rostro ni forma,
te llamo ahora, en la hora que no es día ni noche.
Cuando el sol se retira sin morir,
y la sombra se alarga sin nombre.

Ven, padre del silencio,
envuélveme en tu manto sin juicio.
Que mi alma se disuelva en tu penumbra,
como la luz que se rinde sin derrota.

No te pido respuestas,
solo presencia.
Que lo que aún no soy,
se despierte en tu oscuridad.

Que lo que temo ver,
se revele sin castigo.

Que lo que callo,
se escuche en tu abismo.

En esta hora suspendida,
entre el último suspiro del día

y el primer latido de la noche,
yo me entrego a ti, Érebo.
No para huir,
sino para recordar.

Oración de gratitud a Érebo

Oh Érebo, padre del velo y del silencio,
te doy gracias por envolverme en tu manto sin nombre.

En tu oscuridad no me pierdo: me disuelvo,
y en la disolución, encuentro la semilla.

Tú que no exiges forma ni juicio,
tú que precedes al tiempo y al dios,
recibe mi gratitud por sostener lo que aún no nace, por guardar lo que aún no se atreve a ser.

Que tu sombra me acompañe sin temor,
que tu vacío me enseñe a escuchar,
y que, en tu abismo, yo recuerde
que toda luz fue primero tuya.

Hades

Orden en la sombra

Soberano y señor del inframundo.
Representa la estructura invisible, el poder que no necesita luz.
Rige el río que no se ve, donde navegan las almas.

Bien en la muerte o bien en los sueños.
Controla el equilibrio perpetuo de la oscuridad eterna.
Su presencia es grandiosa y terrible.

Depende del corazón del Éreboquista.
Es importante invocarlo siempre antes de unirse con las sombras.

Invocación a Hades

Hades, Señor del Umbral y del Silencio,
te llamo no con arrogancia, sino con conciencia.
Desde la raíz del mundo, desde el eco de lo no dicho, ven.
Presencia tuya sea esta hora.

Custodio de lo que yace, de lo que fue y será,

abre el camino sin romper el velo.
Protege este tránsito, este rito, este descenso.
Que ningún espíritu errante cruce sin permiso.

Que ninguna sombra sin nombre se adhiera.
Con tu corona invisible y tu cetro de hierro,
marca el límite entre lo profano y lo sagrado.

Yo no vengo a tomar, sino a aprender.
No a dominar, sino a recordar.
Con tu permiso, Hades, que esta obra comience.
Con tu protección, que lo profundo se revele sin daño.
Y que al final, lo que fue tocado,
regrese a su morada con paz.

Oración de gratitud a Hades

Clausura, cierre y purificación
Oh, Señor del Inframundo, Hades,
gracias te doy por tu presencia silenciosa,
por custodiar el descenso sin juicio,
y por permitir que lo oculto se revelara sin daño.

Ahora, al cerrar esta obra, te pido:
sella el pasadizo entre los mundos,

que ninguna sombra quede suelta,
que ningún eco atormentado permanezca.
Llévate contigo lo que no pertenece a la luz,
lo que aún murmura desde el abismo,
lo que busca adherirse sin propósito.

Que tu cetro imponga orden,
que tu corona proteja el umbral,
y que tu reino reciba lo que debe reposar.

Yo te honro, Hades, no como enemigo,
sino como guardián de lo profundo.
Gracias por tu justicia sin ruido,
por tu sombra que no hiere,
y por tu poder que no exige.

Con tu bendición, cierro este rito.
Con tu protección, regreso en paz.
Conjuro de poder de Hades para alejar entidades de tormento

Hades, Señor del Reino Silente,
tú que gobiernas lo que yace y lo que espera,
escucha este llamado desde el mundo de los vivos.

Por tu corona de hierro, por tu cetro de raíz,

te invoco para que recojas las almas sueltas,

las que vagan sin nombre, sin paz, sin destino.
Que ninguna sombra sin propósito permanezca,
que ningún espíritu atormentado cruce este umbral.

Protege este hogar con tu autoridad silenciosa.
Que tus guardianes cierren las puertas del abismo.
Que tu presencia imponga orden en lo invisible.

Yo te ofrezco respeto, no temor.
Te reconozco como juez justo, como guardián fiel.
Con tu poder, que las almas encuentren reposo.

Con tu sombra, que los vivos encuentren paz.
Hades, recoge lo que debe partir.
Protege lo que debe permanecer.
Y que tu reino reciba lo que aún no ha sido liberado.

Perséfone

El Poder de Perséfone

Reina del Velo y del Renacimiento

"Reina y señora de los muertos, madre de la vida, tu brillas en la oscuridad perpetua"

Perséfone no es solo la doncella raptada: es la guardiana del tránsito, la sacerdotisa del abismo, la hija que desciende y la reina que retorna. Su poder no reside en la fuerza, sino en la transformación silenciosa. Ella es el pulso entre estaciones, entre vida y muerte, entre lo visible y lo oculto.

Hija de Deméter y Zeus, su rapto por Hades marca el inicio del invierno, pero también el nacimiento de una nueva conciencia. En el inframundo, Perséfone no se pierde: se corona. Su poder es el de quien ha atravesado el dolor, ha comido del fruto prohibido (las semillas de granada) y ha regresado con sabiduría.

Su energía sostiene los Misterios Eleusinos, donde se celebra no solo su retorno, sino la promesa de que la muerte no es final, sino umbral. Perséfone es la que sabe. La que ha visto. La que puede guiar.

Poderes simbólicos de Perséfone:

- Reina del Inframundo: no por castigo, sino por elección iniciática
- Mediadora entre mundos: su tránsito marca los ciclos de la tierra y del alma
- Guía de los muertos: acompaña a quienes cruzan el velo
- Portadora de renacimiento: su retorno trae primavera, luz y memoria

Invocación a Perséfone
Reina del Velo y del Retorno

Oh, Perséfone, hija de la tierra y del abismo,
tú que caminas entre raíces y estrellas,
tú que fuiste doncella y te hiciste reina,
escucha el llamado de quien desciende sin miedo.

Abre el umbral donde la luz no llega,
donde el silencio es fértil y la sombra es madre.
Guía mis pasos entre los muertos que recuerdan,
entre las memorias que aún germinan en la oscuridad.
Que tu corona de granada sea mi pacto,
que tu tránsito sea mi mapa,
que tu mirada sea mi espejo,

y tu retorno, mi renacimiento.

Perséfone, guardiana del velo,
haz que mi alma sepa morir sin perderse,
y renacer sin olvidar lo que vio.

Oración de gratitud a perséfone

Al concluir cualquier operación mágica, se debe elevar la gratitud.

Oh, Perséfone, Reina de las Raíces y del Silencio,
tú que caminas entre los mundos con corona de sombra,
te doy gracias por el favor recibido,
por abrir la puerta que no se ve,
por sembrar luz en la tierra oculta de mi alma.

Tú que conoces el lenguaje de las semillas,
y el pacto de los muertos con la vida,
has tocado mi destino con tu mano invisible,
y me has devuelto algo que no sabía que había perdido.

Acepta esta palabra como ofrenda,
este suspiro como incienso,
este medallón como sello de mi fidelidad.

Que tu nombre sea guardado en mi pecho,
como raíz que no se arranca,
como luna que no se olvida.

Gracias, Señora del Umbral,
por tu favor, por tu paso, por tu sombra bendita.
Que así sea.

Charón o caronte

El barquero del tránsito de las almas

"Charón en los misterios, Caronte en los grimorios. El mismo barquero, dos máscaras."

Entre todos los seres del mundo de la oscuridad, Charón o Caronte es el más misterioso.
Su presencia silenciosa es la magia de la vida y la muerte.
No es un personaje. Es un principio.

El barquero del inframundo no vive ni muere: transita.

Hijo de la Noche y la Oscuridad (Nix y Érebo).
Su existencia no se cuenta en años, sino en viajes.
No todos los muertos cruzan.

Algunos se quedan en la orilla, sin moneda, sin nombre, sin canto.

Pero el barquero espera. Siempre espera.
Muertos atrapados en la frágil línea de los mundos.

Fantasmas errantes de tiempos desconocidos.
Espectros horrendos de penas, dolor y sufrimiento.

Almas atrapadas en los confines interminables de las sombras.

Sufrientes eternos que no saben que están muertos.

El óbolo

El precio del paso

El óbolo que pide no es solo una moneda:

es el gesto ritual, el reconocimiento de que algo ha terminado y algo nuevo comienza.

- Quien no paga, no cruza
- Quien no cruza, queda atrapado
- Quien queda atrapado, vive muerto

Petición

No vengo a rogar, sino a rendirme.
No traigo oro, sino memoria.
Que esta moneda sea mi nombre,
y esta agua, mi olvido.

El óbolo representa el precio de la conciencia: aceptar algo que ha muerto.
El agua salada es el velo entre mundos, donde lo viejo se disuelve para dar paso a lo nuevo.

Los cinco ríos del inframundo

En el inframundo griego, cinco ríos fluyen como venas del abismo.

Cada uno representa una herida del alma, una emoción que debe ser enfrentada.

⁕ **Aqueronte** — El río del dolor
Recibe a los muertos sin rito ni memoria.
Allí vagan sin voz, sin rumbo, llorando lo que no pudieron cerrar en vida.

⁕ **Cocito** — El río del llanto
Recoge las lágrimas de los que no se arrepintieron.
Cada gota es una confesión tardía.

⁕ **Flegetonte** — El río del fuego
Arde sin consumir.
Castiga a los que desearon sin medida.
Su corriente es roja, viva y eterna.

⁕ **Lete** — El río del olvido
Ofrece descanso a quienes beben de él.

Pero el olvido tiene un precio: perder el nombre, la historia, el propósito.

✷ **Estigia** — El río del odio y del juramento
Por él cruzan los pactos divinos.
El que miente sobre sus aguas pierde su poder, su esencia, su lugar en el cosmos.

Cada río es una tragedia.
Cada corriente, una confesión.
Y solo quien ha llorado, ardido, olvidado y odiado puede cruzar sin romperse.

Invocación a charón

Para abrir el paso entre mundos, con respeto y solemnidad.

Charón, hijo de la Noche y del Silencio,
barquero del río del dolor, custodio del tránsito,
te invoco en esta hora sin nombre.

Ven con tu remo, no como amenaza,
sino como guía.
Que tu barca se acerque sin ruido,
y que el agua se abra sin juicio.

Yo no vengo a robar, sino a rendirme.
No traigo oro, sino memoria.
Con este óbolo, sello mi paso.
Con esta sombra, reconozco mi deuda.
Charón, abre el umbral.
Que el viaje comience.

Conjuro de tránsito

Para cruzar el río, proteger el alma y sellar el pacto.

Por el dolor que ya no me pertenece,
por el nombre que ya no pronuncio,
por el fuego que ya no arde,
y por el olvido que acepto, yo cruzo.

Que las aguas no me devoren.
Que las sombras no me sigan.
Que el pacto sea firme,
y el tránsito, justo.

Charón, guía mi paso.
Que tu remo marque el compás,
y que el río no me niegue.

Oración de gratitud a charón

Para cerrar el rito y honrar al barquero.
Gracias, barquero del abismo,
por no preguntar, por no juzgar,
por llevarme sin ruido,
por devolverme sin daño.

Tu barca no tiene timón,
pero tu mano conoce el destino.
Que tu silencio me acompañe,
que tu sombra me proteja,
y que tu nombre sea guardado
en la raíz de mi memoria.

Charón, custodio del tránsito,
recibe mi gratitud.
Que el río repose,
y que el umbral se cierre.

Las erinias y furias

Hijas del rencor y del juramento

"No nacieron del amor ni del deseo, sino de la sangre derramada sin justicia.
Las Erinias no olvidan. No perdonan. No duermen. Solo se vengan."

Están ahí, en las sombras.
Observan silenciosas, no los cuerpos, sino las conciencias.
Prestas para infligir los peores castigos y sufrimientos.

Las Erinias son diosas ctónicas, nacidas del grito de la tierra cuando Urano fue castrado por Cronos.

De esa herida brotaron ellas:

* **Alecto** — la furia interminable
* **Tisífone** — la vengadora del asesinato
* **Megera** — la celosa

No son demonios ni ángeles caídos.
Son ley viva, castigo encarnado, memoria que arde.

Despiadadas e insensibles, crueles y justicieras.
No conocen la compasión ni la piedad.

Su castigo no es fulminante —eso sería un premio—

Es lento: el dolor que carcome sin bálsamo.

La justicia del inframundo

Habitan en el Érebo, donde la luz no llega.
Su cabello está hecho de serpientes vivas.
Sus ojos no parpadean.
Sus manos portan antorchas y látigos.

Cuando se manifiestan:

- El aire se vuelve espeso
- Los sueños se corrompen
- La culpa se despierta en forma de locura

La conciencia colapsa hacia el interior.
Los pensamientos más terribles desatan el azote de los peores verdugos. El alma busca en vano un refugio, solo para caer en otra trampa peor.

No hay a dónde escapar cuando las Erinias aparecen, amparadas por Érebo, dios y señor de la oscuridad.

* Persiguen a quienes han roto pactos sagrados, especialmente crímenes contra la sangre:
* Matricidio
* Fratricidio
* Traición
* Engaño
* Destrucción

No escuchan excusas.

No distinguen intención.

Solo responden al acto.

El nombre que no se pronuncia

En Atenas se les llamaba Euménides —"las benévolas"— como eufemismo para no provocar su ira al pronunciar su verdadero nombre.

Pero los Éreboquistas saben:

Nombrarlas es invocarlas.
Su presencia puede ser canalizada, no evitada.

- *Se las invoca para:*
- *Castigar lo oculto*
- *Proteger lo traicionado*
- *Despertar la justicia dormida*

Se les ofrece:

- Sangre simbólica
- Ceniza
- Juramentos escritos y quemados

Su aparición es señal de que algo se ha roto
y debe ser reparado con verdad, no con palabras.

Cuida tus actos.
Un Éreboquista puede invocarlas para que hagan su justicia con la peor venganza.

Aprende sus nombres, pero no las nombres.
Solo si necesitas su justicia.
Si las vas a nombrar, hazlo como Euménides.

Invocación a las erinias

Para llamar a las guardianas del pacto roto y la justicia dormida.

Erinias, hijas del grito, nacidas de la sangre sin perdón, yo os invoco desde el umbral del silencio.

Alecto, furia interminable, ven con tu látigo de memoria.
Tisífone, vengadora del crimen, despierta tu antorcha.
Megera, celosa del orden, abre tus ojos sin parpadeo.

Que vuestro paso agite el aire,
que vuestra sombra despierte lo oculto,
que vuestro juicio no tiemble.

No vengo a esconderme, sino a ofrecer verdad.
No traigo excusas, sino heridas.
Erinias, venid.

Que la justicia se levante.
Que el pacto se cumpla.
Que vuestra venganza sea implacable.
Que los ojos de la conciencia vean el dolor causado.

Que vuestro látigo rompa los silencios, mientras desgarra al traidor.

Conjuro de protección para el ereboquista

Para sellar el cuerpo, el sueño y el nombre ante fuerzas vengativas o errantes.

Por el nombre que no he traicionado,
por la sangre que no he derramado,
por el pacto que aún guardo,
yo me cubro.

Erinias, vosotras que veis lo que otros niegan,
reconocedme como aliado, no como enemigo.
Que vuestro látigo no me toque,
que vuestra antorcha no me queme,

que vuestra mirada me proteja.
Yo soy Éreboquista,
caminante del abismo,
portador del sello,
y guardián del tránsito.
Que así sea.
Que así se selle.

Oración de gratitud por la justicia impartida

Para honrar a las Erinias tras la venganza cumplida o el equilibrio restaurado.

Erinias, vosotras que no olvidáis,
que no dormís, que no dudáis,
os doy gracias por haber respondido.
La sombra se ha enfrentado.

El crimen, revelado.
La herida, nombrada.
No pido clemencia, sino equilibrio.
No ofrezco oro, sino memoria.

Que vuestro fuego repose.
Que vuestro látigo se enrolle.
Que vuestra mirada se cierre.
Gracias por impartir lo que otros temen.
Gracias por devolver el orden al abismo.
Gracias por no olvidar.

Erinias, que vuestro nombre sea guardado
en la raíz de mi alma.

Que vuestro paso sea respetado.
Que vuestro poder sea honrado.

El sello triple de las erinias

Todo Éreboquista debe dibujar el sello del inframundo:

- Las serpientes enroscadas
- Los ojos fríos que todo lo ven

Este sello representa la justicia que no duerme,
la memoria que no se borra,
y el poder que no se negocia.

Las tres gorgonas

Corona de serpientes, voz de piedra

No se crearon para agradar.
Se forjaron para resistir.

"No nacieron del deseo, sino del abismo.
Y quien las mira sin respeto, deja de mirar."

Las Gorgonas son guardianas del umbral, hijas del abismo, protectoras del tránsito y del trauma.

No son monstruos: son símbolos.

No castigan: defienden.

No gritan: petrifican.

Esténo

La furia salvaje

* La más feroz.

Inmortal, con garras de bronce y alas doradas.

Su sangre tiene doble poder:

* Vida desde el lado derecho
* Muerte desde el izquierdo

Representa:

- La defensa instintiva
- La fuerza que no negocia
- El rugido que protege

Euríale

La gorgona del lamento

La mayor.
Su grito puede romper montañas.
Custodia oráculos y sueños.

Representa:

- La memoria emocional
- El dolor que no se olvida
- La compasión que petrifica

Medusa

La mortal y la vengada

La única que es mortal.
La herida que se volvió corona.

Medusa, la menor de las tres Gorgonas, está sujeta al ciclo, al tiempo, al destino.

Nació de Forcis y Ceto, dioses marinos primordiales. Se consagró como sacerdotisa virgen de Atenea, guardiana del templo y del saber. Su tragedia comienza cuando Poseidón la viola dentro del santuario sagrado.

- Atenea, en lugar de castigar al agresor, maldice a Medusa:
- Su cabello se convierte en serpientes vivas
- Su mirada en arma: todo aquel que la observa se **convierte en piedra**

Pero Medusa no se convierte en monstruo.
Se convierte en símbolo.

Su poder no nace del odio, **sino del trauma**.
Su mirada no castiga por capricho, **sino por defensa.**
Su historia es la de quien fue herida y convirtió la herida en corona.

- Cuando Perseo la decapita, de su cuello nacen:
- Pegaso — el vuelo: el caballo alado de Zeus.

- Crisaor— gemelo de Pegaso, portador de la espada dorada

Su cabeza, el gorgoneion, se convierte en emblema protector, usado en templos, escudos y puertas para ahuyentar el mal.

Principios que rigen a medusa

- Defensa sin permiso — Su poder no pide autorización
- Belleza que no se somete — Su forma es sagrada, no decorativa
- Furia que no grita — Su castigo es silencioso, su juicio, absoluto
- Memoria que petrifica — Su mirada revela lo que otros quieren ocultar
- Renacimiento desde la herida — De su muerte nacen alas y espada

Principios gorgónicos

- Protección sin negociación
- Furia como escudo, no como arma
- Memoria como defensa
- Petrificación como límite sagrado
- Renacimiento desde la herida

Invocación a las tres gorgonas

Esténo, Euríale, Medusa, hijas del abismo, guardianas del umbral, yo os llamo desde el silencio donde la herida se convierte en poder.

Esténo, despierta tu garra.
Euríale, que tu grito rompa el velo.
Medusa, que tu mirada cierre el paso a lo que amenaza.

Por las serpientes que duermen en vuestra corona,
por la sangre que protege y castiga,
por el templo que se profanó,
yo os invoco.

Que el mundo tiemble ante vuestra presencia.
Que el abismo se cierre ante vuestro paso.
Que el Éreboquista sea protegido.

Conjuro de protección gorgónico

Por la furia que no se vende,
por la memoria que no se olvida,
por la herida que no se niega,
yo me cubro con vuestro nombre.

Esténo, que tu fuerza me defienda.
Euríale, que tu grito me despierte.
Medusa, que tu mirada me proteja.

Yo soy Éreboquista,
caminante del abismo,
y vuestra corona es mi escudo.

Que así se selle.
Que así se proteja.
Que así se recuerde.

Oración de gratitud a las gorgonas

Gracias, hijas del abismo,
por vuestra defensa que no pide permiso,
por vuestra furia que no se deja domesticar,
por vuestra memoria que no se borra,

por el filo que protege sin anunciarse,
por el rugido que nace donde otros callan.
La amenaza ha sido detenida.
El tránsito se ha protegido.
El silencio se ha guardado.

Esténo, tu garra ha marcado el límite.
Euríale, tu grito ha despertado la verdad.
Medusa, tu mirada ha sellado el paso.

Que vuestro nombre sea guardado en mi sombra.
Que vuestro sello proteja mi tránsito.
Que vuestra corona me acompañe,
no como castigo,
sino como raíz.

El sello sagrado de las tres gorgonas

- Todo Éreboquista debe poseerlo para realizar los conjuros.
- Las serpientes entrelazadas
- Los ojos que no parpadean
- La corona que no se inclina

Este sello representa la defensa que nace del trauma, la memoria que no se borra, y el poder que no se negocia.

Hécate

La que porta la llave del abismo

Reina del Inframundo y las brujas. Guardiana del Cruce, señora de los fantasmas y los muertos.

"No es luz ni sombra: es la que decide cuál se abre. No es muerte ni vida: es la que guía entre ambas. No es diosa ni demonio: es la que observa desde el cruce."

Hécate es una deidad titánica, hija de Perses y Asteria, nieta de la Noche y del Misterio. Aunque no pertenece al linaje olímpico, Zeus la honró por encima de muchos dioses, otorgándole dominio sobre el cielo, la tierra y el inframundo. Se le representa como trimorfa: tres cuerpos o tres rostros que miran en distintas direcciones, símbolo de su poder sobre pasado, presente y futuro, y su presencia en todas las encrucijadas.

Porta antorchas, llaves, y es acompañada por perros infernales y fantasmas errantes.

Hécate no castiga: **guía.**
No impone: **revela**.

Es la patrona de brujas, hechiceras, soñadores y caminantes nocturnos. Su altar se coloca en cruces de caminos, donde se dejan ofrendas de pan, miel, ajo y sangre simbólica.

Principios de hécate

- Toda puerta tiene dos lados
- Toda sombra puede ser guía
- Toda decisión es un conjuro
- Toda noche guarda un mensaje
- Toda llave abre lo que uno teme

Invocación a hécate

Hécate, señora de los cruces,
tú que portas la llave del abismo,
tú que caminas con perros y antorchas,
yo te invoco en esta hora sin nombre.
Que tu luz me revele lo oculto.
Que tu sombra me proteja del exceso.
Que tu presencia me guíe entre mundos.
No vengo a pedir, sino a escuchar.
No vengo a temer, sino a cruzar.
Hécate, abre el umbral.
Que el tránsito comience.

Conjuro de protección de hécate

Por la llave que no se roba,
por la sombra que no se teme,
por la luz que no se vende,
yo me cubro con tu nombre, Hécate.

Que tus perros vigilen mi sueño.
Que tus antorchas iluminen mi tránsito.
Que tus rostros me guarden en cada cruce.

Yo soy Éreboquista,
caminante del abismo,
y tu guía es mi defensa.
Que así se selle.
Que así se proteja.

Oración de gratitud a hécate

Gracias, Hécate, por tu silencio que guía,
por tu sombra que revela,
por tu luz que no ciega.
El cruce se ha transitado.

La decisión se ha tomado.

El velo se ha levantado
Que tu nombre sea guardado en mi raíz.
Que tu llave proteja mi destino.
Que tu presencia me acompañe,
no como diosa,
sino como camino.

Juramento solemne del ereboquista

"Yo, caminante del abismo, me presento sin máscara, sin escudo, sin mentira.
No vengo a conquistar la sombra, sino a reconocerla como parte de mí."

Juro por el silencio que me ha revelado,
por el dolor que no he negado,
por el deseo que no me ha vencido,
que transitaré el Érebo con conciencia,

sin profanar lo que no entiendo,
sin temer lo que aún no recuerdo.
Juro por los ríos del inframundo,
por el óbolo que llevo en el pecho,
por el sello que me cubre,
que no cruzaré sin propósito,
ni miraré sin respeto.

Juro por las Erinias, que no olvidan,
por las Gorgonas, que protegen,
por Hécate, que guía,
que mi paso será firme,
mi palabra, ritual,
y mi sombra, compañera.
Que el abismo me reciba,
no como intruso,
sino como hijo del tránsito.

Que así se selle.
Que así se recuerde.
Que así se cumpla.
Tú has pronunciado el pacto.
El Érebo ha escuchado.
El tránsito está sellado.

LIBRO DEL EREBOQUISTA
Los cinco capítulos del descenso

Capítulo I
El abismo es mente

Invocación

"Oh Érebo, matriz sin rostro, pensamiento sin forma, que en tu silencio engendras mundos.
Que tu sombra nos envuelva y nos revele."

Principio

Todo lo visible nace de lo invisible.
La sombra piensa, sueña y gesta.

Reflexión

La mente del Érebo no razona: **imagina**.
No ordena: **fecunda.**

Quien medita en la sombra no busca respuestas, sino raíces.

Rito

- ⁕ Enciende una vela negra frente a un espejo cubierto
- ⁕ Escribe una pregunta que no deseas responder, sino habitar
- ⁕ Quema el papel y observa el humo
- ⁕ Deja que el abismo piense por ti

Capítulo II
Lo oculto refleja lo manifiesto

Invocación

"Que el velo se pliegue, que el reflejo se distorsione.
Que lo oculto hable en símbolos."

Principio

Como es en la sombra, es en la luz. El reverso no contradice: revela.

Reflexión

El espejo no devuelve imagen, **sino intención**.
Toda forma tiene su doble, y todo doble su **secreto**.

Rito

- Dibuja tu rostro sin mirar un espejo
- Luego obsérvate con los ojos entrecerrados
- Anota lo que no reconoces
- Ese es tu reflejo oculto

Capítulo III
Todo vibra en silencio

Invocación

"Que la *frecuencia* del Érebo nos *atraviese* sin sonido.
Que la *vibración* oculta despierte lo dormido."

Principio

La vibración más profunda no hace ruido.
El poder del Érebo se mueve en gestos mínimos,
en pausas cargadas.

Reflexión

El silencio es la nota que sostiene la melodía.
La sombra vibra en lo que no se dice, en lo que no se toca.

Rito

- Durante tres días, guarda silencio al amanecer
- Escucha los sonidos que emergen en tu mente
- Registra los que no puedes nombrar
- Esas son tus frecuencias ocultas

Capítulo IV
Toda luz tiene sombra, toda sombra tiene luz

Invocación

"Que la polaridad se disuelva.
Que el eje se revele.
Que la danza de opuestos nos conduzca al centro."

Principio

La polaridad no es conflicto, sino danza.
El Éreboquista no elige bando: camina el eje.

Reflexión

La caída es también vuelo.
La sombra es también raíz.
La luz ciega cuando no se comprende su origen.

Rito

- Traza un círculo con ceniza y sal
- Coloca una vela blanca y una negra en extremos opuestos
- Camina entre ellas en espiral, sin tocar ninguna
- Al final, apaga ambas al mismo tiempo
- Medita en el punto medio

Capítulo V
El ritmo del abismo es espiral

Invocación

"Que el tiempo se curve. Que el ciclo se hunda y renazca.
Que la espiral nos lleve al núcleo."

Principio

No hay línea recta en el Érebo.
Todo regresa, pero transformado.

Reflexión

Lo que baja, siembra. Lo que sube, revela. El ritmo del Érebo no es repetición: es transmutación.

Rito

* Durante una luna completa, registra tus sueños
* Cada siete días, reescríbelos como si fueran profecías
* Al final del ciclo, quema el primer registro
* Conserva el último como símbolo de tu espiral

Capítulo VI
Toda causa tiene un eco invisible

Invocación

“Que el gesto oculto se manifieste.
Que el eco del Érebo resuene en lo no dicho.”

Principio

El efecto no siempre se ve.
La magia del Érebo actúa en lo sutil, en lo no tocado.

Reflexión

La intención enterrada florece cuando nadie la espera.
El verdadero poder no se exhibe: se insinúa.

Rito

- Haz una ofrenda sin testigos
- No la expliques, no la compartas
- Solo deja que el mundo responda
- Observa los cambios sutiles en tu entorno

Capítulo VII
El género del abismo es fusión

Invocación

"Que la dualidad se disuelva.
Que la matriz y el gesto se unan.
Que el Érebo engendre sin dividir."

Principio

No hay masculino ni femenino, sino matriz y gesto. La oscuridad contiene todas las potencias.

Reflexión

El Érebo no divide: **engendra**. La sombra no tiene género, pero da forma a todos.

Rito

- Crea un símbolo que combine dos energías opuestas
- Puede ser dibujo, objeto, palabra
- Conságralo con tu aliento y tu sangre (una gota basta)
- Llévalo contigo durante un ciclo lunar
- Al final, entiérralo en un lugar secreto

El érebo

"Mucho miedo, siento en ti.
Miedo a la sombra.
Miedo al Érebo.
Pero escucha bien...
Sombra no es enemigo.
Érebo no es prisión.
Es raíz.
Es madre.
Es espejo."
El aprendiz duda.
Mira la vela encendida.
La llama tiembla.

"La luz, todos la buscan.
La sombra, todos la temen.
Pero sin sombra, ¿cómo saber que hay luz?
Sin noche, ¿cómo cantar el amanecer?"

El maestro se levanta.
Camina despacio.
Señala el suelo.
"Mira tu sombra.
Siempre contigo está.

No te ataca.
No te abandona.
Solo te sigue...
porque tú eres su fuente."
Él cierra los ojos.

Siente el peso de sus pensamientos.
"Invertir la sombra, debes.
No destruirla.
Nombrarla.
Escucharla.
Pues lo que niegas...
más fuerte se vuelve."
El maestro se detiene.
Su voz se vuelve susurro.

"El Érebo... no es oscuridad sin fin.
Es el lugar donde la luz se esconde para crecer.
Donde el alma se enfrenta a sí misma.
Donde el destino aún no ha sido elegido."
El aprendiz abre los ojos.
Mira su sombra.
Ya no teme.

"Cuando aceptas la sombra, el Érebo canta.
Cuando caminas con ella, la luz te sigue.
No porque la luz sea mejor...
Sino porque juntas, sombra y luz, hacen el camino."

"No somos los que huyen de la luz.
Somos los que saben que la luz también tiene raíz."

Omar Hejeile Ch.

Enciclopedia Universo de la Magia

¿Desea aprender magia?

Descubre el camino hacia el aprendizaje mágico en nuestra completa Enciclopedia, accesible en mentemistica.com. Adéntrate en el fascinante mundo del poder mental oculto, una fuerza que trasciende las barreras de espacio y tiempo. Este tesoro de sabiduría, celosamente custodiado durante milenios, está ahora al alcance de tus manos.

www.radiokronos.com

www.ingramcontent.com/pod-product-compliance
Lightning Source LLC
LaVergne TN
LVHW100521110826
845146LV00002B/729

* 9 7 8 9 5 8 8 3 9 1 8 3 0 *